中國歷代書目題跋叢書

〔清〕莫友芝 撰

邱麗玟 李淑燕 點校

杜澤遜 審定

宋元舊本書經眼録

持靜齋藏書記要

上海古籍出版社

圖書在版編目(CIP)數據

宋元舊本書經眼録　持靜齋藏書記要／(清)莫友芝撰;邱麗玟,李淑燕點校;杜澤遜審定. —上海:上海古籍出版社,2018.12

(中國歷代書目題跋叢書)

ISBN 978-7-5325-9102-2

Ⅰ.①宋…　Ⅱ.①莫…　②邱…　③李…　④杜…　Ⅲ.①古籍—圖書目録—中國—宋代②古籍—圖書目録—中國—元代　Ⅳ.①Z838

中國版本圖書館CIP數據核字(2019)第020907號

中國歷代書目題跋叢書

宋元舊本書經眼録　持靜齋藏書記要

[清]莫友芝　撰

邱麗玟　李淑燕　點校　杜澤遜　審定

上海古籍出版社出版發行

(上海瑞金二路272號　郵政編碼200020)

(1)網址:www.guji.com.cn

(2)E-mail:guji1@guji.com.cn

(3)易文網網址:www.ewen.co

苏州越洋印刷有限公司印刷

開本850×1168　1/32　印張11.5　插頁5　字數227,000

2018年12月第1版　2018年12月第1次印刷

ISBN 978-7-5325-9102-2

G·704　定價:58.00元

《中國歷代書目題跋叢書》出版説明

漢代劉向、劉歆父子編撰《别録》《七略》，目録之學自此濫觴，在傳統學術中發揮了重要作用。歷代典籍浩繁龐雜，官私藏書目録依類編次，繩貫珠聯，所謂「類例既分，學術自明」（《通志·校讎略》），學者自可「即類求書，因書究學」（《校讎通義·互著》），實爲讀書治學之門户。而我國典籍屢經流散之厄，許多圖書真容難睹，甚至天壤不存，書目題跋所録書名、撰者、卷數、版本、内容即爲訪書求古的重要綫索。至於藏書家於題跋中校訂版本異同、考述版本淵源、判定版本優劣、追述藏弆流傳，更是不乏真知灼見，足以津逮後學。

我社素重書目題跋著作的出版，早在二十世紀五十年代，我社就排印出版了歷代書目題跋著作二十二種，後彙編爲《中國歷代書目題跋叢書》第一輯。此後，我社又與學界通力合作，精選歷代有代表性和影響較大的書目題跋著作，約請專家學者點校整理。至二〇一五年，先後推出《中國歷代書目題跋叢書》第二至四輯，共收書目題跋著作四十六種，加上第一輯的二十二種，計六十八種，極大地普及了版本目録之學。面對廣大讀者的需求，我社將該叢書陸續重版，並訂正所發現的錯誤，以饗讀者。

上海古籍出版社

二〇一八年八月

總目

宋元舊本書經眼録

（清）莫友芝撰
邱麗玟　點校
杜澤遜　審定

點校説明

《宋元舊本書經眼録》三卷，《附録》二卷，清莫友芝撰。莫友芝，字子偲，别號郘亭、紫亭，晚號眲叟，貴州獨山人。生於嘉慶十六年（一八一一）。道光十一年（一八三一）舉人。道光二十一年（一八四一），主講遵義湘川書院。咸豐十年（一八六〇），往客胡林翼，校刻《讀史兵略》，並檢點箴言書院藏書。次年，充曾國藩幕賓，代曾氏收購江南遺書，督領江南官書局。後任金陵書局總編校，揚州書局主校刊。咸、同年間，莫友芝頻繁往來江淮吴越間，與汪士鐸、張文虎、唐翰題、劉毓崧、張裕釗、劉履芬、唐仁壽等藏書家過從甚密，交情匪淺，並得以盡見上海郁松年宜稼堂、豐順丁日昌持靜齋之書，對其版本目録之學以及藏書之擴充助益甚大。同治十年（一八七一），至揚州等地尋找文宗、文匯兩閣散佚之圖籍，於訪書途中病發去世，年六十有一。

莫友芝究極經史，精通版本、目録、金石之學，于詩文、書法亦爲一代名家。一生著述宏富，撰有《聲韻考略》、《唐寫本説文木部箋異》、《梁石記》、《樗繭譜注》、《過庭碎録》、《郘亭詩鈔》、《郘亭遺詩》、《郘亭遺文》等，並與鄭珍合纂《遵義府志》。曾爲丁日昌編有《持靜齋藏書記要》，另有《舊本未見書經眼録》、《宋元舊本書經眼録》、《郘亭知見傳本書目》、《影山草堂書目》、《郘亭行篋書目》等版本目録學著作。其藏書處曰郘亭、影山草堂。其藏書印有「莫友芝圖書印」、「友芝私印」、「子偲」、「郘亭眲叟」、「影山草堂」、「則心第五」、「莫氏秘籍之印」等。

《宋元舊本書經眼録》乃莫友芝於同治四年至八年間（一八六五—一八六九），客游上海等地所見之宋、金、元、明槧本及舊抄本、稿本之隨筆記録，後由其子莫繩孫彙編成册。書前有莫繩孫所撰之序文，對於此書的編纂緣起、成書經過言之甚悉。此書正編第一卷爲宋本，自《毛詩要義》至《萬寶詩山》共四十六種；第二卷爲金、元、明本，自《書傳輯録纂疏》至《迂齋先生崇古文訣》共四十八種；第三卷爲稿本、寫本、舊抄本，自《易學》至《金石三例》共三十九種。莫友芝對於所著録之書，首冠書名，次記卷數，其次著録該書版本或注明各書之所自。每書之下皆撰有解題，多記録其行款與版式，論述書名之異同，闡明成書之原委，稽考篇卷之異同，提示一書之内容大旨，記述一書殘存、補佚之情形，評斷版本之異同、優劣及真僞，迻録一書之序跋資料，查核《四庫》著録之情況，訂正前賢之誤，説明一書經眼、購買之情形，詳列藏家經藏之情形及藏家跋語、印記等。若有疑義，並標舉以待考。《附録》卷一爲《書衣筆識》，乃莫友芝題於家藏善本及稀見珍笈之書衣上者，自《易箋》至《唐五代詞》共五十三種。詳載所録書籍之庋藏年月、來源，並敘其版本價值以及校讀、整補重裝此書之經過。《附録》卷二爲《金石筆識》，自《秦之罘刻石摹本》至《宋達州進奉大禮銀鋌》共五十一種。記其所觀金石銘刻之出處、尺寸，並對於録文之格式、書體、撰人、書人予以鑑别、考證，自言可補王昶《金石萃編》所漏録處不少。整體而言，《宋元舊本書經眼録》所載之圖籍、金石資料，儘管各篇所記或簡或繁、要點不一，且不免有闕失、訛誤之現象，但其中或不見它書記載，或它書言之簡略，仍足資後人參考與利用，其訂正、補苴之功，乃足以傳之後世。

《宋元舊本書經眼録》目前所知見的版本有三種：（一）同治十二年癸酉莫繩孫刻本；（二）光緒十年上海還讀樓刻本；（三）清抄本。此次點校，以同治十二年莫繩孫刻本爲底本。點校過程中參酌審定，改正了一些明顯的錯字、避諱字，至於脱文、衍文、倒錯之增删、校改，皆於校記中予以説明。部分書名雖有異同，但内容並無出入，爲避免繁瑣，便不予出校。原書書前有目録，其中有脱漏條目或所録書名與正文不同者，現據正文訂補。原目録各書名下或注版本或不注，亦據正文補齊版本。凡所增補均加〔 〕，以示區别。本書由邱麗玟點校，杜澤遜審定。謬誤或紕漏之處，尚祈方家大雅指教是幸。

邱麗玟

二〇〇七年十二月十日

宋元舊本書經眼録目録

卷二

以下金元槧本

卷三

以下舊鈔本

附録卷第一　書衣筆識

附録卷第二　金石筆識

序

右宋、金、元、明槧本暨舊鈔本、稿本書，凡百二十種，悉同治乙丑迄己巳數歲中，先君客游所見者。或解題，或考其槧鈔善劣，或僅記每葉行字數目，或並録其序跋及經藏家跋語、印記，皆經眼時隨筆志之，以備循覽。今年春，姑夫黎蓴齋先生自吴門來金陵，謂足備目録家之一，亟欲壽梓。繩孫謹次爲三卷，更集他書衣及碑帖題語爲一卷附焉。吾家影山草堂僻在黔南，舊藏粗備，尤多先人手澤，遭亂後散佚略盡，不可復得。今卷中僅存一二先君少時所校也，念之泫然。同治癸酉七月丁未朔，第二男繩孫謹志于江寧旅舍。

宋元舊本書經眼録卷第一

毛詩要義二十卷　宋本。

魏了翁撰。首爲《譜序》一卷。經依箋編二十卷，中又分子卷十有七，凡三十八卷。每葉十八行，行十八字。每卷各以一、二、三條爲題目，低一格書。亦有一條而有二題目者，其第二題目標之眉上。又有當條所掇未盡之義，亦於眉上書之。每卷首有「楝亭曹氏藏書」、「長白敷槎氏堇齋昌齡圖書印」二印。卷尾有「桐鄉沈炳垣手讀書記」一印。《譜序》卷首又有「永超氏」一印。卷一下之首有「吴可驥印」一印。

宋魏鶴山先生於理宗嘉熙元年丁酉以權工部侍郎忤時相，謫靖州，取《九經注疏》删繁去蕪，爲《要義》百六十三卷。《宋史·藝文志》分載其書。當時陳、晁兩家著録可稱浩博，亦不及載，則知此書已不可多見矣。《四庫全書》只載《周易》、《儀禮》尚是全帙，《尚書》、《春秋》皆非完本。近揚州阮氏復得《尚書》三卷，即《四庫》所闕之卷。又《禮記》三十一卷，首闕《曲禮》上、下兩卷。其餘四經竟無從咨訪矣。壬辰仲春，篴江婿不惜重值，購得宋槧《毛詩要義》，首尾完整，觸手如新，爲曹楝亭舊藏本。首列目録，次《譜序》，次《詩要義》二十卷。其一、二、五、六、十二至十七等卷，分上、下子目四卷。及十八、十九卷，分上、中、下子目。其餘均作一卷。總子目並序計三十八卷。展讀之下，古香可匊，真希世之秘笈也。其體裁與《周易》等相同。有與疏本連文，而《要義》取一、二則者，列其次目於眉上，不復分裂原文。隸標目之尤爲簡當。《傳》、《箋》遺辭博奥，孔氏因劉炫等書爲《正義》，於地理名物靡不旁搜曲引，以資考核，故其疏較他經爲密。鶴山復擷其要領，以《經》及《傳》、《箋》爲綱，以《正義》爲目，有條不紊，易於記誦，洵治經者不可少之書。鶴山所輯尚是當時善本，必與今通行之本大有不同，異日再爲細校一過，始無遺憾。郡城金氏藏有宋槧《禮記》，首兩卷即阮氏所缺之帙，當訪求之。從此《易》、《書》、《詩》、二《禮》五經皆成完書，真大快事也。篴江席豐履厚，而不以他好縈心，惟古人祕笈搜訪不遺餘力，是可尚已。今擬將付棃棗，公諸同好，使數百年古籍晦而復顯，其有功於藝林豈淺鮮哉！因爲識此。錢天樹。〇張文虎案：天樹號夢廬，平湖人。跋中所稱篴江婿者胡氏，亦平湖人。

魏鶴山先生《毛詩要義》三十八卷，爲文淵閣著録所未及，道光間儀徵相國采進遺書亦未之見。上海郁泰峰氏乃蒐獲曹楝亭舊弆宋槧本于嘉興士家，海内更無第二本，遂卓爲宜稼堂數十宋槧之冠。友芝同治乙丑五月來滬上，珍重假讀，心神開曠，百慮盡消，斷推此游第一快事。友芝夙有詳校《毛詩疏》，于乾嘉諸老所舉中外舊本異同，一一甄録，唯未及《要義》本。他日再爲滬游，必挾以來，更乞與細讎一通，乃不虚此眼福也。獨山莫友芝。

儀禮鄭注十七卷 宋淳熙本。

每葉十六行，行十七字。注雙行，行字同。板心上端右並有「淳熙四年刊」五篆字。每卷末悉分記經、注字數。一卷首，十七卷尾，並有「松雪齋」、「趙孟頫印」、「海上醉六經齋藏書之章」三印。首又有「竹泉珍祕圖籍」、「敦淳珍藏顧氏」二印。末又有「梁氏家藏」一印。二卷末又有謏聞齋主人楷書木記，凡百有七字。同治甲子署蘇松太道丁禹生日昌獲之上海肆中。乙丑五月三日，客道署，借讀審定，爲實事求是齋經籍之冠。

儀禮要義五十卷 宋本。

行款與《毛詩》同，亦郁氏宜稼堂藏。闕首六卷，自卷之七《士相見禮》始。每册首有「汪士鐘印」、「閬源真賞」二印。其首六卷則鈔補。

禮記要義三十一卷 宋本。

行款與《儀禮》同，亦郁氏宜稼堂藏。闕首二卷。儀徵相國進此書亦闕《曲禮》上、下兩卷也。卷首有「新安汪氏」、「啓淑信印」二印。

陳氏禮書一百五十卷 宋本。

宋陳祥道撰。首載建中靖國元年正月，禮部差楷書畫工人鈔祥道《禮書》牒，並及陳暘《樂書》。次祥道《進書表》。序中參有《樂書序》一葉，無前半，蓋當時二書並刻也。肆中有《樂書》與此相似。半葉十三行，行二十一字。

春秋經傳集解三十卷 宋巾箱本。

每半葉十一行，行大二十字，小二十一字。每卷書題云「京本點校重言重意春秋經傳集解」，某公某第某。亦有一二處題于「重意」下多「互註」二字者。核卷中當句下標記有重言、重意、互注、似句四件，不能盡見書題也。經、傳並句讀、發四聲，而不及註。註下附陸氏《音義》。核字體，似南宋元初刻。舊藏者鈐以「趙宋本」印，亦無確據。勘紙有「徵明」小印。丁卯十月至滬，肆賈以相視。驗卷端印，知經藏汪士鐘、徐渭仁家。印本尚是中上，惜僅後半部耳。有「徐紫珊印」、「汪厚齋藏書」、「汪士鐘讀書」、「子有父」四印。

春秋經傳集解三十卷 宋淳熙小字本。

每半葉十行，行大十八字，小二十二字。板心高今營造尺五寸弱。第三十卷後有楷書八行木記云：「僅依監本寫作大字，附以釋文，三復校正刊行。如履通衢，了亡窒礙處，誠可嘉矣。兼列圖表于卷首。迹夫唐虞三代之本末源流，雖千歲之久，豁然如一日矣。其明經之指南歟！以是衍傳，願垂清鑒。淳熙柔兆涒灘中夏初吉，閩山阮仲猷種德堂刊。」蓋閩阮氏種德堂書肆所刊，較巾箱本縱横稍闊寸許。其謂依監本寫作大字，知臨安舊有巾箱監本，因而小拓之也。戊辰春杪，蘇肆持售。首有「瑞南」朱文印。

九經直音十五卷 宋本。

宋廬陵孫奕撰。海寧查氏藏本。九經者，《孝經》、《論語》、《孟子》、《毛詩》、《尚書》、《周易》、《禮記》、《周禮》、《春秋》也。不用反切，直取同音字旁注其下。無同音字，則以同四聲字紐之，如唐人《九經字樣》之例。半葉十三行，行二十二、三字不等。巾箱本大小如今秦氏覆宋《九經》。此《音》蓋即刊附《九經》後者也。今《四庫》收奕著述有《示兒編》。《提要》謂其字季昭，號履齋。寧宗時嘗官侍從，其歷官無考。《四庫》又收明州本宋人《排字九經直音》二卷，爲元至元丁亥書隱堂刊者。按之即是奕書。《提要》謂所音皆據《經典釋文》而兼采宋儒。于《釋文》一字數音者，皆並存之，亦時有半從、半違之失，而大致能決擇是非。陸無音者，亦頗有補苴。其于宋儒，《詩》、《中庸》、《語》、《孟》用朱子，《易》兼用程、朱，他及胡瑗、司馬光。《禮》多守方慤注，亦兼存鄭義。又條舉其音字若干事，爲糾論踰千言。又謂《九經》前後失次，證以奕書，無不悉合。紀、陸諸公未見此本，遂謂纂人無考。乃今得之，真大快事。其卷數懸殊者，此十五卷本，百一葉。若爲二卷，卷亦止五十葉，未爲甚大。坊間合併且逸其名，非宋刻僅存，亦烏從識之哉！同治己巳二月，查生燕緒持來視其師張廉卿。廉卿寓余許，因更留觀數日，爲考論歸之。孫氏《示兒編》中有《經説》五卷、《字説》五卷，于字音、字訓辯别異同，多資考證，蓋南宋績學之士。故此《直音》一書，在宋人經音中最爲善本。纂刊無序例年月。其序《示兒編》在開禧元年，則大率寧宗時也。既望戊午。

每半葉七行，行十五字。經、注皆有句讀，註及序有□抹，其文字異今本處，與元和吴氏所言宋本大同，蓋即其所據也。序後及每卷末皆附音考，於名物制度亦有補益，不知何人所爲。音考字形稍狹而活，蓋本書係用舊本翻雕，所附音考，則當在用以取士，時稱淳熙本則未確。項氏舊藏，後歸蔣氏，今歸錢塘丁氏。卷中有「萬卷堂印」、「項氏少谿主人子信筐周家藏」、「鴻城蔣懷堂珍藏」、「袁又愷藏書」、「吴越錢氏鑑藏書畫」、「芥青」、「拳石山房」、「項氏世家」八印。

四書集註　宋本。

蔣氏跋云　曾王父諱升瀛，號步蟾，一字懷堂，又號采若。南宋希魯公之二十世孫。世居吴淞之鄧巷邨。公自幼勵志讀書，性沖粹，好施與。早歲有聲黌序，旋貢成均，栽培弟姪輩成立者頗衆。日以書史自娱，當代名公咸樂與交。後遷入城蕭家巷，辟鏡古齋，藏書多宋槧本。郡守鼇石蘇公重刊《魏公譚訓》稱「壽松堂蔣氏宋本校刊」者，即公所藏也。淳熙《四書》江南相傳僅二部，一藏藝芸書舍汪氏，一即此部。惜逸《公孫丑》二卷。余嘗以爲憾，因遍訪收藏家，於咸豐己未借虞山瞿氏本影鈔，得成完璧。瞿本蓋即汪氏所藏者。此書在余家傳至余兒芥青，凡五世。敬謹什襲，不敢忘先人遺意。庚申之變，轉展遷徙，家之所有，蕩焉泯焉。唯祖遺書籍，命芥兒好爲護持，所在輒隨。因得免於浩劫，是芥兒實有功於是書。今余幸還故土，而芥兒遽化。覩物觸情，能毋於邑。且余未有嗣，則此書將來又誰爲之護持耶？噫！余雖以不克承先貽後爲憾，而物無常主，但得珍藏家金匱玉函守之弗失，余亦可無負于此書也已。丙寅仲夏下浣，培澤敬識。

張子韶孟子傳二十九卷 宋本。

宋張九成撰。八册。每册有「汪士鐘閬源印」，則其舊藏也。每卷書題云「張狀元孟子傳卷第幾」。結銜云「皇朝太師崇國文忠公鹽官張九成子韶」。爲理宗寶慶初所贈謚，則寶慶以後刊也。半葉十四行，行二十五字。每葉左端線外皆有篇名標記。末缺《盡心》上、下二篇。《四庫總目》此書亦二十九卷，亦謂原本佚此二篇，豈庫本即從此出耶？丁卯初冬寓蘇城，有持售者，俞蔭甫山長遣以相示。薄緜紙印，尚無一筆漫闕，惜上、下端朽補耳。《天禄琳瑯》載九成此書影宋鈔本亦二十九卷，蓋即從此本出。《史志》張氏《孟子傳》三十六卷趙希弁《讀書附志》亦云三十六卷，則所缺者七卷也。

大廣益會玉篇 宋本。

此本校今張、曹兩刊多偏旁篆書八葉，蓋南宋書肆所意增，其用心良善。唯部目本以領所從諸字，而「一王」乃用「弌玉」者不少，則何以訓乎？録如左。

《玉篇》總目偏旁篆書之法　自書契造於伏羲，而文字之耑始見。鳥□□□□□文字之形始立，其後也，曰大篆，曰小篆，曰□□□□□皆倣古法而爲之變易者也。世之知書者，皆□□□謂字學者矣。然所曉者，訓讀楷書而□□□□□□徒見其句畫之委蛇，而不知字之偏旁有定□□□□。偏旁有定體，則觸類而長，辨章析記，若繡工之觀畫耳，豈特施於文字哉？此予於《玉篇》總目五百四十二字，必引篆書偏旁以冠之也。博雅君子幸毋□□□。

一、弌，上、丄，示、示，二、二，三、三，王、王，玉、玉，珏、珏，土、土，垚、垚。

凡七葉餘四行二字，以盡五百四十二部。末綴楷書一行云：「右字之音切已具總目，此不重載。」

集古文韻第三卷 宋紹興本。

每葉十六行，行大字九，約可容小字十八。蓋夏英公《古文四聲韻》五卷之一。紹興乙丑年僧寶達刻于齊安，而開禧元年後印本。黄伯思《東觀餘論》云：「政和六年冬，以夏鄭公《集古韻》及宗室克繼所廣本二書參寫。並益以三代鐘鼎彝器款識，及周鼓秦碑、古文、印章、碑首並諸字書，有合古者益之，以備遺忘」云云。是宋人古文篆韻有三，今唯英公集者有新安汪啓淑刊本，趙、黄二本則皆無傳。《宋史·經籍志》[一]及《玉海》謂宗室趙善繼與于汴京石經之役者，嘗進《古文篆韻》一書。當與伯思所指克繼爲一人，或一字誤記也。知此本爲紹興刻、開禧印者。全祖望《古文韻題詞》謂曾借鈔天一閣夏英公《古篆韻》，據晉陵許端夫序，蓋紹興乙丑浮屠寶達重刻于齊安郡學，許爲郡守，因序之。寶達者，劉景文之孫，精于古文篆，親爲摹寫，其亦南嶽夢英一流矣。至北宋本當有前序，而今失之。按此本僅《上聲》一卷，其有許序及有前序否？不可知。而紙背大半是開禧元年黄州諸官致黄州教授書狀。宋黄州猶稱齊安郡。此板在郡學，學官以書狀紙背印書，事理之常，故知爲紹興刻、開禧印也。紙背狀中首尾結銜，一曰「朝散郎權知黄州軍州事王可大」，一曰「秉義郎新添差黄州兵馬監押趙善覬」，一曰「訓武郎黄州兵馬都監兼在城巡檢徐靄」，一曰「迪功郎黄岡縣尉巡捉私茶鹽礬銅錢私鑄鐵錢兼催綱陸工程」，一曰「朝奉郎行户部員外郎吴獵」，一曰「武畧郎添差淮南西路將領張□」，一曰「學諭章準」，一曰「學生教諭李起北」，一曰「學生直學徐灝」，一曰「升大」，失其官及姓，凡十人。其本官結銜則云「從事郎黄州州學教授呂」。吾衍《學古編》云：「夏竦《古文四聲韻》五卷，前有序并全銜者好，别有僧翻本，不可用。」此書板多而好者，極不易得，所謂僧翻本蓋即此本。全氏謂其精于摹寫，而吾氏謂不可用。以今行汪刊本校之，小有損益異同。而夏氏所用二百十部《切韻》，其部次與唐顔氏《干禄字書》合者，乃移改同《廣韻》、《集韻》。則斥其不可用者，誠非苛論也。徒以宋刻宋印，且紙背諸狀，足見爾時交際儀式，故取備一種耳。是書紹興乙丑刊，開禧乙丑印。而余後十一乙丑，同治四年之夏，收諸上海市中，抑何巧合乃爾。物之顯晦，豈亦有數耶？

古人文移案牘用紙皆精好，事後尚可他用。蘇子美監進奏院，以鬻故紙公錢祀神、宴客得罪，可見宋世故紙未嘗輕弃。今官文書紙率輕薄不耐久。

〔一〕「經籍志」當作「藝文志」。

史記集解　宋蜀刻大字本。上海郁氏藏。

「玄」、「敬」、「殷」、「貞」、「徵」、「讓」、「貆」、「亨」、「桓」、「竟」缺，「慎」不缺。每葉十八行，行十六字。注行二十一、二十二字不等。初印，紙墨精絜。《本紀》存五、六、八、九、十、十一、十二七卷。《表》存四、五兩卷。《世家》存五至十，及十八至二十四，及二十六，十四卷。《傳》三十九、四十，及四十七至五十，僅六卷，共二十九卷，每卷有「當湖小重山館胡氏篴江珍藏」。《紀》九卷，又有「吴寛」、「白小」、「地山」、「子孫保之」四印。十二又有「停云」、「肇錫余以嘉名」、「芙初女史姚畹真印」、「勤襄公五女」、「若衡」五印。

漢書一百卷 宋景祐本。

影鈔補者。《目録》、《帝紀》一上下、《表》七上下、《傳》三十二至三十四上數卷。其實爲景祐原刊，合得七十餘卷。餘者以元人覆本補之。其中元統大德修補之葉，黄蕘圃悉記其目於卷端。鈔補數卷，則本自曹倦圃。蕘圃有此書，爲倪雲林凝香閣舊藏者，見《百宋一廛賦注》。後歸汪閬源。此其次也。卷中有「眉公鑑儒」、「曹溶鑒藏」、「虞山張蓉鏡鑒定」、「宋刻善本」、「姚氏婉貞」、「芙初女史」諸印。首有李申耆識云：「《漢書》宋景祐刊本，烜赫於絳雲樓，六丁取之矣。《西清古鑑》所收亦景祐本。天府之儲，無由見也。向時張月霄藏有元統、大德補修本，欲借未果，而已星散，深以歎惋。此本亦有補刊，未知與月霄本何似？然原刻存者尚十七八，以校别本，甚有差殊。擬仿盧抱經先生《羣書拾補》之例爲校勘記，以永其傳。僅盡首函，思借全書足成之，芙川諾我否？道光十七年徂暑之月，揮汗識此。武進李兆洛。」後歸張氏、郁氏，今歸豐順丁氏。

漢書一百卷 宋湖北提舉茶鹽司小字本。

半葉十四行，二十七字或二十六、二十八、二十九字不等。注行三十四字或三十三、三十五字不等。板高今七寸弱。其避諱至「慎」字止，蓋孝宗時刊。《遂初堂書目》有湖北本《前漢書》，當即此本。以校明汪文盛本，時有互勝互脱字，而足正汪誤者多。汪本自八《表》下每附劉氏説，而此本皆不附。同治己巳秋，吴門市出汪士鐘舊藏，又有「陳道復」印，則僞作也。

漢書 宋鷺洲書院大字殘本。

半葉八行，行正文十六字，注文雙行，二十一字。每卷末皆記二行云：「右將監本、杭本、越本及三劉、宋祁諸本參校，其有同異，並附於古注之下。」又有正文若干字，注文若干字，一行或二行，在卷題後。始刊於南宋末，畢工於元至正間，其卷末記甲子可考。字較景祐本尤爽目。惜僅景十三王傳、司馬相如兩卷。鷺洲，乃吉安府城東贛江中長數里之白鷺洲。宋淳祐間，知吉州江萬里建書院其上，以教俊秀。歐陽守道爲之記。徐俯師川詩云「金陵與廬陵，俱有白鷺洲。相望萬里江，中同一水流」者是也。己巳七月七日，觀于沈均初樹鏞舍人案頭，雖殘帙亦可貴。

海寧吴兔牀騫有宋刊《漢書》殘本《列傳》十四卷，葉十六行，行十六字。

張金吾有宋嘉定刊《後漢書》，葉十六行，行十六字，注二十一字。《百宋一廛賦注》云：「嘉定戊辰，蔡琪純父所刊也。」

晉書 宋本。

每半葉十四行，行二十五字。明王弇洲舊藏，今歸錢塘丁氏。每卷首尾《晉書》若干，在《紀》、《志》、《傳》、《傳記》若干之下者，皆刓補寫，殊不可解。卷首有「鼎元」、「臣筠」、「三晉提刑」、「仲雅」、「商邱宋犖收藏善本」、「馬瀛之印」、「二櫨」、「漢晉齋印」八印，尾有「泰峯見過」一印。

此書爲王弇洲先生所藏。「貞元」本唐德宗年號印，恰符先生名字，故其祕册往往摹而用之。下必繼以「三雅」印，此屬「仲雅」者，嚮曾遭割裂，想經先生改正。余全史中原本亦係宋刻，每多缺字。而此本特全，洵可寶也。湖南毛晉識。

唐書 宋嘉祐杭州本。

每葉二十行，行十九字。其末卷二十二葉，後八行總計云：「《唐書》凡二百二十六篇，總二百五十卷。二十一《帝紀》，一十篇，一十卷。十三《志》，五十篇，五十六卷。三《表》，十五篇，二十二卷。《列傳》一百五十篇，一百六十卷。嘉祐五年六月二十四日進呈。」二十三葉載銜名：「編修官劉羲叟、一行。吕夏卿、一行。宋敏求、二行。王疇、二行。范鎮。三行。刊修宋祁、三行。歐陽修。三行。提舉編修曾公亮。二行。嘉祐五年六月二十六日准中書劄子。奉一行。聖旨下杭州鏤版頒行。一行。校對無爲軍判官將仕郎試祕書省校書郎充國子監直講。一行。」其三十四葉缺校對銜名，未完。同治乙丑五月，嘉興馬氏持售于上海，僅尾三卷《逆臣傳》，以湊別一舊本。謂別本爲宋刻，此三卷爲元刻。以余審之，此三卷宋刻，其別本之全乃元、明間刻耳。別本板心校此高、廣各一指許。每葉二十行，行二十二字。每卷題名但云「歐陽修奉敕撰」、「宋祁奉敕撰」，而不具官銜，不書「臣」。此三卷則銜臣皆具，且字體方滿，精神故也。別本末附《釋音》二十五卷，今官本亦有之。其序一篇不記載否，漫録如左。

《新唐書・釋音・序》　將仕郎前權書學博士臣董衝上進：　嘉祐中，仁宗皇帝詔儒臣修《唐書》，其事廣於前，其文粹於舊，學者願觀焉。或字奇而莫能辨，則悵然而中止者有矣。猶之求珠於九重之淵，驪龍寤而當其前，則退縮而不敢進。彼雖至寶，横棄於其側，可得而有之耶？故諸史中惟《新唐書》能究其終始者尤鮮。臣每讀《晉史》見何超纂《音義》，竊嘗慕焉。於是歷考聲韻以爲之音，使學者從容而無疑。觀其文章藻繪體氣渾厚，可以吹波助瀾、揚厲清浮，則愈於得寶之美也。若夫名篇之目，立傳之實，增損出入有異於舊史者，悉見諸因革云。崇寧五年十一月日，臣衝謹序。

《釋音》中第一卷有結銜，並同上。二卷以下俱無。

唐書 北宋本。

每半葉十四行，行二十五字。其爲原刻者半，修换者半。蘇門市中物。有「汪士鐘印」。

唐書 宋本。

每半葉十六行，行二十九字。汪閬源氏舊藏，今歸錢塘丁氏。每册首有「汪士鐘印」、「閬源真賞」二印。

資治通鑑目録三十卷 宋本。

陳本于自序後更出結銜，開卷即知其謬。又每年歲陽、歲名之末，復以甲子、乙丑注之，亦疑其不然。此本自序後即接書年、國、卷，每年下亦不注甲子、乙丑，且結銜一行密字，敕乃提行，可見温公元式。上海郁氏宜稼堂藏此以爲宋本。驗第一卷結銜字多差誤，蓋翻雕者偶爾失校，其爲宋爲元，皆不可知。然足以洗明人移刻之陋，亦劇可寶貴矣。此本第一卷三十八葉，第二卷四十六葉。陳本鬆展之，一卷五十八葉，二卷六十五葉，亦多費紙墨，絶無勝處。此本凡書一事下空一格，陳本於空格皆填一圈。然誤聯二事爲一者不少，且多增減錯誤，並當以此本正之。湘鄉相國嘗以胡果泉仿刻元本《通鑑》無目録爲闕典，思得善本刊傳以惠學者，此足以稱之矣。當爲一言，借影付雕也。每卷首有「宋本」、「曾在春星閣」、「汪士鐘曾讀」三印，竟不知來自誰氏。

資治通鑑綱目五十九卷 宋乾道本。

乾道壬辰四月刊。緜紙精印，首尾一律。每半葉八行，行十七字，雙行亦行十七字。有弘治初人題識，謂在當時已難得如此善本。季蒼葦舊藏，有名字印。後爲郁泰峯宜稼堂所收，今歸豐順丁禹生氏。

新刊名臣碑傳琬琰集一百七卷 宋本。

半葉十五行，行二十五字。

輿地廣記 宋本殘帙。

始第十八卷，至末三十八卷止。每半葉十行，行二十字。即黄丕烈士禮居仿刊祖本。首有丕烈題識。同治乙丑夏，滬上市出此書。前二册亦宋槧式相，似亦丕烈據以仿刊者，惜未能收合之也。豐順丁禹生方伯所藏。丁卯仲冬借觀記。

東南進取輿地通鑑三十卷 宋本。

宋孝節先生趙善譽撰。取三國至梁、陳東南攻守事。事爲之圖，圖後附以地理考及本事始末。蓋爲南渡後圖金而作，是當日極有用書也。文淵閣未及著録，蓋逸已久矣。每葉二十六行，行十九字。上海郁氏宜稼堂所藏。卷首有「太華山人」、「汪士鐘印」、「三十五峯園主人」、「从龍私印」、「劒光閣」、「黄丕烈印」、「蕘圃」、「東吴宋克」、「冒鸞」九印。而《百宋一廛賦》不之及。

自序云　善譽聞，險要視乎地，攻與守屬諸人。古今之地未始殊絶，而或得或失者，人事之不侔也。自三國以迄于陳，南北攻守之變備矣。其事可覽而類也〔一〕，□其地不可不考而圖也。覽古之事以考今之地，□爲有用之學哉！難之者曰：「古尋陽本治江北，而今在江南，自温嶠始徙也。古當塗本以塗山爲邑，而今在姑熟，晉成帝遷之也。是郡邑之不常，未易以今究也。古駱谷道自盩厔南通漢中，今塞矣。唐武德間所開，非必漢、魏之舊也。古巢河水北流，合於肥河，今堙矣，吴、魏舟師之所由不可見也。是川、陸之不常，未易以今論也。」若此之類，不勝殫舉。則此書欲以有用，無乃幾於無用也。吁！杜征南預以晉之郡國而釋春秋之地名。顔祕監師古以唐之州縣而注漢、秦之疆域，其曰未詳者，不害爲闕疑，而二書遂瞭然於千載。而以古今之難窮爲諉，而不盡其心哉！故因《通鑑》編年，參之正史，以類南北之武事，即地理之書，考之今日，以究攻守之所在。既載其事以論之，又爲圖于前，以便稽覽。雖曰昔人遺迹不無湮滅，而古今地志亦或疏畧，然尋文□圖，可考者十常八九。其所未究則闕之，以俟博□，於史學不爲無補也。唐太宗有言曰：以古爲鑒，可知興替。而光武系隆炎漢，廓清六合，實有感於披輿〔三〕圖之日。則是書之有用，將不止爲觀史之助焉。

趙善譽謹序。

黄蕘圃庚午夏跋謂：「此爲無錫故家物，主人姓顧，係涇陽先生八世孫。此書尚是涇陽先生從都中寄歸者。」又跋云：「《東南進取輿地通鑑》自來藏書家惟傳是樓著録。然止云二十卷一本，亦不詳刻鈔字樣，則徐氏之書，非即是本矣。此書名目在宋已非一定。檢《宋史・藝文志》史鈔類云：趙善譽《讀史輿地考》六十三卷。一名《輿地通鑑》。陳氏《書録解題》云《南北攻守類考》監奏進院趙善譽撰進。以三國、六朝攻守之變，鑒古事以考今地，每事爲之圖。亦作三十六卷。茲所存者，殆一半差弱。序全，目佚，三十卷後割補之痕宛然。三國、六朝之總圖、總論具存。其每事爲一圖，至晉而止。書之殘毁僅存者，正賴此宋刻祖本，豈非天壤間奇物乎？復翁記。」

〔一〕「覽而類也」，《持靜齋藏書記要》作「類而覽也」。

〔二〕原文「輿」後衍「地」字，據《持靜齋藏書記要》引文删。

西漢會要七十卷 宋本。

宋嘉定乙亥刊本進書。半葉十一行，行二十字。序題「從事郎前撫州州學教授臣徐天麟上進」。目録及每卷題銜皆同。進表末署「嘉定四年九月十一日」。

漢高帝即位之明年，尊太公爲太上皇。越四年，令郡國立太上皇廟，終漢之世止稱太上皇。高帝有天下而祖廟不立，博士諸生無能言者。其他庶事草創，何足怪也。司馬遷作《史記》，具載帝王世系，至《高帝紀》言太公而不言其名，言劉媪而不言其氏，班固從而因之。劉氏世系無傳焉，固實爲漢史。而大事率略如此，漢家制度豈能廣記備言耶？徐君仲祥甲科名士，采漢故事彙聚成書，目曰《西漢會要》，漢禮樂庶事大略可睹，視遷、固二史有功多矣。余少不揆，嘗論次漢事，補漢百官兵制及續《食貨志》，藏之篋笥，不知何人持去，至今往來於心也。仲祥更因是書稍加潤色，成一家言，庶幾漢事得失有所是正。二書並行，益善矣。仲祥既上其書於朝，大參樓公爲之序，屬余書其後。顧余何敢？而仲祥請益勤，姑以平生所懷，附諸卷末云。嘉定四年嘉平月，永嘉戴溪書。

訦聞《西漢會要》久矣。兹辱奏院公貽書，以其介弟總幹所傳録經進别本，俾刊於郡齋。訦固所願見所願傳者，因得孰復其間，舉宏撮要，互見旁引，可謂用心勞苦。一開卷，則漢二百年規模制度森然在目。自非專門問學相承，好古博雅，源深流遠，實事求是，真積力久，安能臻此。然書史傳録之或誤，則鐫工摹刊之必差。一字失其本畫，一語脱其全文，則未免有害于義理。于是訪求正史之善本校對之，果有如前之差誤者，既加是正，而後命之鋟梓，庶不孤所辱。昔班氏父子采前史遺事，旁貫異文，續太初以後之書。其文澹而事詳，世稱爲良史。本朝公是、公非二先生是正西漢，所謂三劉《漢書》，與所著《東漢刊誤》、《漢官儀》並傳于世。今奏院公父子、叔姪、兄弟一門，儒業之盛。先是有《漢官考》鋟行廣右，其視二班、三劉一家之學，可謂有功於漢史俱深矣。今本既盡善，學者能考一代之制，從而追復先秦而上三代之文，則是書之傳，豈曰小補之哉！嘉定乙亥春，鉅野李訦書。

樓大防序失去。首又有録白省劄云：「祕書省狀：嘉定四年十一月十六日，準都省送下從事郎前撫州州學教授徐天麟劄子『竊惟三代而下言治者，必曰漢、唐。七制、三宗之治，固已炳焕青史，至於典章、法度散在紀傳，學者每病本末難見。自國初儒臣編類《唐會要》獻之藝祖皇帝，而唐之制度、紀綱粲然易考。惟是漢接商、周而興，一代彝章號爲近古，而獨未有類書，頗爲缺典。天麟不量譾薄，編成《西漢會要》七十卷，目録二卷，已於九月十一日具表投進二部，共八十册。内一部乞降付太子宫，一部乞降付尚書省。今已兩月，未蒙付出。重念天麟辛勤鐙窗垂三十年，凋疲心志，僅成此書。西都文物，頗爲詳備。上可以廣聖學之緝熙，下可以備禮官之考訂，其於治道不爲無補。天麟所進正本，見蒙留中，今別寫到一部計一十册見在，欲望朝廷取索。今來寫到一本送秘書省詳看施行，庶幾天麟半世編摩之工，不爲徒勞』。後批『送祕書看詳，申尚書省』。又於十二月二十二日準都省送下徐天麟上表，繳進《西漢會要》四十册，乞降付史館事。後批『送祕書省一就看詳，申尚書省』。本省照得所進文字止是一書。今看詳到徐天麟所進《西漢會要》勤於史學，總輯有功，伏乞朝廷指揮施行。本省元承都省批下徐天麟二狀，繳連在前，並發下《西漢會要》二部，隨狀繳納見到，伏乞照會施行申聞事。仍連《西漢會要》進本並副本二部，共五十册，正月二十八日奉聖旨降付祕書省。」右劄付祕書省。嘉定五年二月三日押。押押。

東漢會要四十卷 宋本。

宋寶慶丙戌刊本。進序署「寶慶二年六月二十二日奉議郎武學博士臣徐天麟謹上」。表末署同。目録及每卷結銜同。亦十一行，行二十字。二書皆上海市出。《西漢》紙黄色，稍短，襯接成大册。《東漢》則白緜紙，甚高闊。二書皆歸武原馬玉堂笏齋明經，乃合裝之。有道光壬辰識語。今爲應敏齋方伯所購。《東漢會要》，《四庫》據傳鈔宋本，缺三十七、三十八兩卷，又三十六、三十九兩卷各佚其半。此本此四卷皆全，洵奇寶也。

唐治不過兩漢，唐有《會要》，漢乃闕而未備。武學博士徐君仲翔〔一〕裒集兩漢事，各爲《會要》一書。《會要》有書，則兩都之制度、典章散在紀、傳、表、志間者，皆易於參考。既於治道，不爲無補。加惠後學，亦非鮮淺。前郡侯已刊《西漢會要》于郡齋，逾十年，東漢事會稡始就。仲祥父子、伯仲俱刻意史學，各有書行於世。仲祥此書，尤有益於世用，其用志亦篤矣。並鋟木以廣其傳。寶慶丙戌良月朔，古括葉時書。

〔一〕「翔」，當作「祥」。

鹽鐵論十卷 宋本。

漢桓寬撰。每半葉九行，行十八字。第十卷末葉有「淳熙改元錦谿張監稅宅善本」二行楷書木記。紙墨亦精雅。卷首有馮武題識云：「先太史藏書萬卷，子孫不能讀，且不知愛惜，即宋元精板嘉書，盡化爲蝴蝶飛去，吾能無念乎？茲《鹽鐵論》十卷，相傳宋板末有『淳熙改元錦谿張監稅宅善本』等字。余素愛寶之，不敢批點。又得副本，遂以此贈平原文虎道兄。因文虎文墨筆硯之好與吾同病，在環堵中，無異於別館也。時己巳年暮春，河漢馮武謹識。」乙丑春，上海市出，豐順丁禹生觀察所收。暇當取家藏明本一校。馮武乃定遠之從子，傳其筆法。著有《書法正傳》十卷。見《簡明目》。

文場資用分門近思録二十卷近思後録十四卷 宋本。

海寧查氏藏本，蓋南宋末坊刊。朱子序後有「建安曾氏刊於家塾」二行木記。以朱子書分爲百二十一目，破析瑣碎，直不成書。聞元周公恕有此書，分類集解頗妄爲分析移置，大概與此書相似。觀其書題，可知其不學矣。其《後録》皆采朱子所録之外，程門諸儒以下及於朱子之説，分道體、論學、致知、存養、克己、家道、出處、治道、制度、事理、教人、謹戒、異端、氣象十四目，各爲一卷，較前書爲有條理，不知何人編也。唯其刊印精雅，即坊刻乃勝明。隆萬以還，江河日下，有即梓匠一端可以觀者。己巳二月識。

西山真文忠公讀書記 宋本。

每半葉九行，行大十六字，雙行小字二十四。寫刻精好不苟，宋本之善者。惜僅有甲記三十七卷。卷端有「季振宜讀書」、「季振宜印」、「滄葦」數印。

米海岳畫史一卷 宋本。

豐順丁氏藏。每半葉十一行，行二十字。卷末有朱筆書「康熙癸巳蔣生子範所贈」一行。前有咸豐四年顧武保題識，謂是册宋槧初印。「睛」、「貞」、「殷」、「徵」等字避諱。首葉有「葉氏藏書」印，蓋即文莊故物。末朱字一行，何義門手筆。子範，蔣棟字。長洲人。何太史弟子。

白虎通上下二卷 宋本。嘉興唐氏藏。

有乾隆甲辰盧文弨跋云：「余校《白虎通》付校垂竣，而吴子葵里示余以此本。此北宋時坊間所行未校本也。其小序數行云『白虎建德論』者，開卷即已錯謬。余取其書字字比對，始知此本尚多古字，而近世本率多改易。至《性情》篇中有與近本迴異而實勝者，即一二誤書，尚可循形聲而得其本字。若近世本，則不加思索而徑改矣。雖分上、下兩卷，然篇目上作圓圍者十，仍不失十卷之舊。近世本最後三篇，此本在《爵》、《號》、《謚》之次，實第二卷也。三篇之序亦復不同。後得元大德本，與明傅氏、程氏、吴氏、何氏本不甚異，要皆不及此本。余取此書之善者，具著于校勘補遺中，仍以其本歸吴子。」十二行，行二十三字。鷦安云：「此宋刻元印坊本，故多譌字。不避諱。字畫乏遒勁之氣，已開元初風氣。必推爲北宋本，陋矣！」

百川學海 宋本。上海瞿氏。

宋左圭禹錫編刻之百種。每半葉十四行，行二十八字。

皇朝仕學規範四十卷 宋淳熙三年本。

每葉二十四行，行二十五字。句讀有小圈，並圈發異讀字之四隅。其葉數通八卷爲一起，蓋是元分五册裝。紙墨精絜可愛。張功甫自序，刻此書在淳熙丙申四月，蓋即張氏自刻初印本也。嘉道時藏嘉興張赤未廷濟家。自三十三至末缺八卷，及自序、卷目，並赤未鈔補。同治乙丑五月，客上海，醉墨書肆持售，留觀五日。其卷九、卷十七、卷二十五，首並有「張廷濟印」、「張赤未」、「尚寶少卿袁氏忠徹印」三印，及袁氏靜思齋引《顔氏家訓》六十五楷字長木記。卷八、卷十六、卷二十四、卷三十二尾，並有「楊廉夫」、「清儀閣」、「張赤未」、「廷濟」四印。赤未題其首曰：「淳熙三年丙申原刻初印，係楊鐵崖、袁忠徹舊藏本，乾隆時武陟令查宣門開所珍貯者。嘉慶時，余從宣翁之子棗庵秀才以銀十餅購得。前缺序目，後缺作文、作詩二類，八卷。余從海鹽朱春甫錦及余次兒慶榮從宋槧覆刻本影鈔補足，授慶榮珍之。道光二十五年乙巳七月二十日，嘉興竹田里七十八歲老者張廷濟赤未甫。」

太平御覽 宋本殘帙。湖州徐氏藏。

每半葉十三行，行二十二字。存三百六十六卷。卷一至百三十三，卷百七十二至二百，卷二百十二至三百六十八，卷四百二十四至四百五十五，卷五百三十一至五百三十三，卷五百四十一至五百四十五，卷七百二十六至七百三十。黄丕烈、汪士鐘並經收藏。丕烈記存卷數目于第一卷之端。同治丁卯十一月朔，俞蔭甫山長持以相示，謂人家求售者索昔價，每卷銀一兩。首葉有「文淵閣印」、「汪士鐘藏」、「黄丕烈印」、「復翁」、「士禮居藏」、「南州高士東海豪家」六印。題銜惟首卷云：「翰林學士承旨正奉大夫守工部尚書知制誥上柱國隴西縣開國伯食邑七百户賜紫金魚袋臣李昉等奉四十二字一行。敕纂。二字一行。」餘卷無。

源流至論四集四十卷 宋本。滬市。

每半葉十五行，行二十五字。前集、後集、續集凌駉撰。别集黄履翁撰。

揮麈前録四卷 宋本。上海瞿氏。

王明清仲言撰。其序在第四卷末，結云：「淳熙乙巳中元日，朝請大夫主管台州崇道觀汝陰王明清書。」題曰「王知府自跋」。跋前爲季扂復仲言書，題曰「季賢良簡」。又前爲臨汝郭九德跋。又前爲沙隨程迥跋。又前爲仲言乾道丙戌冬長至成書自識三行。紙墨頗佳。每半葉十一行，行二十字。每條第二行後皆低一字。首有「汪士鐘印」、「三十五峯園主人」、「秋浦」、「憲奎」四印。末有「平陽汪氏藏書印」一印。

續博物志 上海瞿氏。

結銜云「前都官員外郎隴西李石撰」。其中于本朝、祖宗等俱提行，蓋猶宋式，特非初印耳。半葉十一行，行二十三字。惜紙朽，已裱裝過。

纂圖附釋文重言互注老子道德經二卷 嘉興唐氏藏。

十三行，行二十三字。巾箱本。

梁江文通文集十卷目録一卷 宋本。

梁江淹撰。第一、二卷賦。三、四卷詩。五卷傳書、奏記、牋表。六卷爲始安王、建平王章、表、教、啟、行狀。七卷敕爲朝賢作書及尚書符、慰勞雍州文、爲蕭驃騎諸表、啟教。八、九卷爲蕭太尉、太傅、齊公、齊王表、啟、章，自受禪後諸詔。第十卷誄、誌、祭、咒諸文及頌讚、雜言、騷辭。終以自序一篇。有云「未嘗著書，唯集十卷」，豈即所自定耶？其編次極有條理。《四庫》著録本四卷，特據明人鈔集者，猶未見此本也。前後無序、跋，不知何時所刊。卷中鏡、敬等字缺筆，亦姑謂之宋本。每半葉十行，行十八字。卷目及五卷有印曰「虛堂」。丙寅六月上海市出者，又見一《陸士衡集》，與此本行、字數與板式大小皆相似，惟宋諱字不缺筆。乃明正德己卯六月，都太僕穆以宋慶元中華亭縣齋刊本與吴士陸元大重刊者，知文通此集即是宋刊。意宋時必有魏晉六朝名集彙刻之本，故兩集式樣若一耳。

韓昌黎集五十一卷 宋世綵堂本。

相傳明東雅堂徐氏翻刻廖氏世綵堂韓文，一仍舊式，而不著其所從來。今觀此本信然。每葉中縫下截悉有「世綵堂」字，徐氏悉以「東雅」字易之。傳目後有「世綵廖氏刻梓家塾」篆字木印，徐氏各卷尾亦仿之。此初印本，紙墨精好，字體在歐、褚間，徐本猶未能畢肖也。卷中有「汪士鐘印」、「閬源真賞」、「少谿主人」、「項氏萬卷堂圖籍印」、「田耕堂藏」、「泰峯審定」、「郁松年印」七印。

古靈先生文集二十五卷使遼語録一卷 宋本。嘉興唐氏藏。

末有其孫輝跋云：「四世從祖密學公，平日所爲文章不知其幾，厥後裒掇爲卷者，僅二十有五，目曰《古靈先生文集》。以聖天子詔冠之，預有榮焉。里人大夫徐君世昌嘗摹刊于家，其間頗有舛譌。歷歲既久，且將漫漶。輝竊有意于校正，因仍未遑，每以爲恨。堨來章貢，屬數僚士參校亥豕，因命仲子暐推次年譜，併鋟之木，庶幾有以慰子孫瞻慕之心也。紹興三十一年十月既望，孫右朝請大夫直祕閣知贛州軍州主管學事兼管内勸農營田事提舉南安軍大雄州兵甲司公事江南西點兵馬鈐轄輝謹題。」大字十行，行十八字。元印。缺筆至擴，則後所刓。

山谷外集 宋淳祐閩憲本。

史薌室注《山谷外集》十七卷。宋淳祐閩憲刊本。半葉九行，行大小字均十九。烏程蔣氏瑞松堂所藏。同治丙寅秋，在滬假讀于海珊，遂留行篋中。戊辰暮春，來吴門書局，始取校嘉靖刊全集本，資是正不少。其中間先後脱五葉，皆已鈔補。按之非史氏元文，乃昔藏者意綴，依謝蘊山刊翁覃谿校三注本別鈔易之。翁本第五卷《和子瞻粲字韻詩》闕注者數行，此本此數行適空木未刊，知翁本即從此本出也。

指南録五卷 宋景炎本。嘉興唐氏藏。

宋文天祥撰。自序題：「是年夏午，改元景炎。廬陵□□□自序其詩，名曰『指南』。」堂書名處皆剜空，則元時所爲也。巾箱大字本八行，行十六字。第二卷有數題皆墨釘，蓋有所避。

文苑英華纂要四卷 宋本。

宋高似孫纂。甲卷九十八葉，乙卷九十七葉，丙卷八十二葉，丁卷七十葉。前有似孫序，後有元趙文序。上海市出。板稍漫漶，蓋元、明間印者。每卷首有印曰「宋本」，曰「元勛」，又曰「汪厚齋藏書」、「民部尚書郎」、「汪士鐘印」，蓋汪閬源舊藏。每半葉十行，行十七字。其鈔撮不分類，但按卷次摘句、摘段録之。此書藏書志有之，謂是元刻。《天禄琳琅》以爲周益公著。

《文苑英華》□　孝宗皇帝閲《文苑英華》，周益公直玉堂。夜宣對。上謂祕閣本太舛錯，再三命精讎十卷以進。一日侍公酒，公以無佳本爲言。因白架中有此書，間嘗用諸集是正，頗改定十之二三。公驚喜曰：「《英華》本世所無，况集耶？」乃盡笈去。復以讎整者畀予研訂，書奏御，不爲無分毫助也。後以本傳之廬陵，手書寄來，急讀一遍，因取其可必用者僅爲帙四。又以奉公復答曰：「書千卷，鮮克展盡，顧乃獵之精舉之確耶！不減小洪公《史語》也。」初予官越，洪公方在郡，日日陪棣華堂書研，頗及史語。公曰：「不過觀書寓筆，示不苟於觀耳。」予曰：「類書帙多字繁，非惟不能盡記，蓋亦未嘗盡見，古人是以有撮取之功。然乃切於自用，非爲他人設也。」洪公擊節曰：「此正余意，鈔亦出是歟？」冶使史公來訪越墅，因從容硯寮，見鈔本曰：「鉤玄摘奇，便於後學者也。」書成，索甚力。第二書，報已刊。第三書，寄刊本令作鈔序。乃誦益公、洪公語，以謝好雅。嘉定十六年三月七日，高似孫續古識。

《文苑英華後序》　予少讀《文苑英華》，困於浩瀚，不能盡究。後得鄉先生高公手鈔《文苑纂要》四集，計八十四卷。復又撰十卷《辨證考異》。凡古今名賢諸作有一聯一句至奇至妙者，必博采無遺。予讀之神馳心醉。奇哉是書也。世道不古，讀書之道廢，挾兔園冊者。非惟莫之見，恐莫之聞。文運天開，車書混同。聖天子下詔求經明行修之士，試六經、古賦、詔誥、章表以觀其所學，試時務策以觀其所能。士之懷才抱器者，莫不爲之鳶飛魚躍。崇儒重道之風，古之《菁莪》，不是過矣。習科目者，熟精於此書，鏖戰文場，寸晷之下能使朱衣人暗點頭，則題雁塔、綰銅章，特拾芥耳。《文苑》一書當必遇賞音。余老不能文，姑述其略，以贊高先生手鈔之後云。延祐甲寅冬後一日，青山趙彣序。此序係摹寫草書補者。

萬寶詩山三十八卷　宋巾箱本。

每卷題首云：選編省監新奇《萬寶詩山》卷之幾。書林葉氏廣勤堂新刊。悉取宋代省監所試五言六韻詩，分類編録，如今坊間裒珍試律大觀之比。每卷約五十葉，葉三十行，行二十三字。三行一詩，約四百六七十首，合三十八卷，計之約詩萬六千餘首。宋人帖體亦收羅殆盡矣。其板廣五寸許，高三寸半。細行密字，寫刻亦精。惜不載作者姓名，遂無資于考核，徒成菟園册子而已。首唯有「田耕堂藏」一印，知藏書家所不尚。然《四庫》未著録，不能不以爲祕函也。

《萬寶詩山敘》　天下之寶多矣。夫有天下者，以道德爲寶；有國家者，以政事爲寶。文學之士所寶經書，豪富之家所寶珠玉。仁親以爲寶，惟善以爲寶，不貪以爲寶，此仁人賢士之寶也。若夫吟詠風月，繪畫煙雲，摘章摘句，以詩賦爲寶，此亦皆本夫性情之正，而達于政事之體也。蓋詩自虞廷賡歌以至周、召、雅、頌之什，皆古聖賢制作，以淑人心而垂教法。雖閭巷俚俗之謡，聖人亦有取焉。《三百篇》以降作者非一。宋以詞賦科取士，故有省監之詩，而文人才子業于是者，未免淘金揀玉，以用其心。詞語之華，篇章之粹，真希世之寶也。書林三峯葉景達[一]氏掇拾類聚，繡梓以傳于世，目之曰《萬寶詩山》，俾後學者有所矜式，其用心亦弘矣。梓成攜以示余，因屬余敘。余惟夫子有言曰，小子何莫學夫《詩》？《詩》可以興，可以觀，至於事父、事君，多識鳥獸草木之名。則士、君子誠意正心之要，進德修業之方，與夫薦郊廟、格神人，以鳴國家之盛者，皆由《詩》而致。務學之士其可忽諸？余不敏，特以此敘其概云。□□□□雍作噩歲重九日，蒲陽余性初序。

〔一〕「逹」當作「逵」。

宋元舊本書經眼録卷一終　遵義趙崧篠蓉校字

宋元舊本書經眼録卷第二

書傳輯録纂疏六卷書序一卷 元本。

元董鼎撰。至大戊申十二月自序。延祐戊午其子真卿于閩坊刊行。其綱領末後半葉有篆文二行木記云「建安余氏勤有堂刊」。每半葉十行，行大字二十，小二十四。字體、書式絶似十行本諸經疏。卷首下端有「紅山埜逸」印，卷末有「秀水朱氏潛采堂圖書」印。埜逸未詳，唯知爲曝書亭舊藏。今歸豐順丁氏。全書首尾皆朱筆句讀，註及輯纂綱要處朱墨抹。時增引考證，或出己意，細書上、下端幾遍，頗多發明。於本書之外特不以古文爲僞，當是國初經生讀本，明人尚無此沈潛，惜不知誰某耳。同治丁卯冬至獲觀記。

詩集傳附録纂疏二十卷詩序辨説附録纂疏一卷 元刊本。

新安胡一桂撰。此書《四庫全書》未著録。每葉二十二行，每行大字二十，小字雙行則二十四。前有泰定第四禩彊圉單閼歲長至穀旦乙丑，從事郎邵武路總管府經歷致仕盱江揭祐民從年父序云：「書于建東陽翠巖劉氏家塾。」謂胡氏撰集大成，殁身乃已。後十餘年得劉氏君佐，乃朱子故友劉用之後人，不忍以用朱子之學者堙鬱不售，亟録諸梓。有《十五國都地理圖》一葉，附録《纂疏姓氏》二葉、《語録輯要》五葉。後有篆文爲二行木記云：「泰定丁卯仲冬，翠巖精舍新刊。」《詩傳綱領》七葉，篇目後有行書七行木記云：「文場取士，《詩》以朱子《集傳》爲主，明經也；新安胡氏編入《附録纂疏》羽翼朱《傳》也；增以浚儀王内翰《韓魯齊三家詩考》，求無遺也。今以《詩考》謹録諸梓，附于《集傳》之後，合而行之。學《詩》之士潛心披玩，蜚英聲于場屋間者，當自此得之。時泰定丁卯日長至，後學建安劉君佐謹識。」同治丙寅六月在上海，宜興周濂珂湜清持以相示。有「守甓齋藏書」、「計光炘印」、「曦白父」、「新安汪氏」、「啟淑信印」、「秀水計光炘曦白氏」、「匏如珍藏書籍私印」、「泠音閣」、「古射襄城計光炘曦伯之章」、「聞川計氏曦伯所藏」諸印。據其木記尚附有王伯厚《詩考》，而此失之。

禮經會元四卷 元本。

結銜云「宋龍圖閣學士光禄大夫贈開府儀同三司南陽郡開國公食邑二千一百户食實封一百户謚文康葉時著」。作一行。首載至正二十六年丙午臨海陳基序，及至正乙巳中秋江浙行省右丞兼同知行樞密院事海陵潘元明仲遠序。次竹埜先生傳，傳尾有至正二十五年八月六世孫江浙等處儒學副提舉葉廣居識。蓋元、明從廣居得本所重刊也。每半葉十一行，行二十四字。篇中具刻點抹，蓋仍宋刻之舊。今通志堂刊本乃盡去之，非也。卷目有「葛軆之印」，卷一有「孫星衍印」。

禮記纂言 元本。上海瞿氏藏。

元吴澄撰。其篇目、次序多所更定。不録《大學》、《中庸》、《投壺》、《奔喪》及《冠義》、《昏義》、《鄉飲酒義》、《射義》、《燕義》、《聘義》十篇，而《曲禮》、《檀弓》、《雜記》之上下皆合爲一篇，于是鄭注之四十九篇者，僅有三十六篇。每半葉十行，行二十字。經文分節頂格寫，注文雙行低一字，行僅十九字。

音注全文春秋括例始末左傳句讀直解七十卷 元本。嘉興唐氏藏。

宋林堯叟注。元坊翻宋版，猶缺宋諱。一、二卷，半葉十二行，行二十一至二十四字不等。雙行同。三卷以下，十三、十四行不等，行二十四五字不等。其經文某公、某侯旁注謚法，間有旁注音義，亦有不旁注者，皆坊間所爲。

春秋胡氏傳纂疏三十卷 元本。

元汪克寛撰。每半葉十行，行二十一字。傳低一格。有至正戊寅汪澤民、至正辛巳虞集兩序。至正戊子刊于建安。跋云：「國英曩從環谷先生受讀《春秋》于郡齋。先生手編《胡氏傳纂疏》，雖壹以胡氏爲主，而凡《三傳》注疏之要語暨諸儒傳注之精義，悉附著之。且《胡傳》博極羣經子史，非博洽者不能知其援據之所自，與音讀之所當。先生詳究精考，一一附注。於是讀是經者，不惟足以知胡氏作傳之意，而且溯流尋源，亦可知聖人作經之大旨矣。書甫成編，國英宦遊四方。越十五年始覯同志鈔謄善本。而建安劉君叔簡將録諸梓以廣其傳，則不惟諸生獲《春秋》經學之階梯，而凡學者開卷之餘，不待旁通遠證，事義咸在。是則先生纂疏之述，有切於遺經，而有助於後學，豈曰小補之哉！至正八年歲在戊子正月人日，紫陽吴國英再拜書。」克寬至明初猶被徵，此著已先刻二十餘年。通志堂刊《經解》未及此書，而傳本尚不乏。乙丑丙寅于滬上各見一本，今又見丁禹生氏此本而三矣。紙墨則此本爲差勝。

説文解字補義十二卷 元本。

元包希魯撰。卷首有「愛日精廬藏書」、「集賢閣天水郡氏收藏」二印。蓋即昭文張金吾舊藏，《愛日精廬藏書志》論之甚詳。今歸上海郁氏宜稼堂。此書《四庫》未著録。嘉慶中阮氏從至正刊本影鈔進呈。

元禮部韻畧五卷 元本。豐順丁氏藏。

每葉二十六行。五卷末有「大德丙午重刊新本平水中和軒王宅印」二行木記。二百六部與陰氏韻同。而《唐》、《廣韻》所注同用之韻，皆依次而編，於部首字上加魚尾形爲隔，勝於陰韻。前載有貢舉三試程，一曰「御名廟諱迴避」，二曰「考試程式」，三曰「試期」，四曰「章表迴避字樣」，亦可見當時制度。又有《壬子新增分毫點畫正誤字》五葉。

史記集解附索隱一百三十一卷 元中統本。

海寧查氏藏。半葉十四行，行二十五字。注雙行，字同。前有中統二年董浦序，謂平陽道參幕段君子成求到《索隱》善本，募工刊行。則刊者段氏也。是年當宋理宗景定二年，尚稱蒙古，未有元號。或覆刊，或易其行，皆遠不及惜印遲不能完好耳。

漢書 金元間刊本。湘鄉曾氏藏。

宋胄監《漢書》，始淳化五年孫何、張佖等校定本，次景德二年刁衎、晁迥等覆校本，次景祐二年余靖、王洙重校定本，次熙寧二年刊進、嘉祐中陳繹重校、歐陽修看詳本，次宣和六年重修本，次紹興二十一年重刊本。今惟景祐、紹興二本尚著録于舊藏家。大率每葉二十行，行大字十九，注字二十五至二十七八不等。此本行字悉同。惟《古今人表序》十八行。《人表》自第三葉至末皆三十行。傳中注有擠補至行卅七字者，蓋前人失記，非有異也。其《列傳》第二十九之後九葉及他卷闕一、二葉者，悉影乾道三年刊本補之，其行字亦同。大抵皆出景祐、紹興二本。乾道本版心下端有「乾道三年」隸書白文五字〔一〕。其寫刻人名悉此本中所有，愈知景祐、紹興爲同祖。惟于乾道五字處，盡百卷皆剜補。其卷首無中書牒及屢次校詳官銜及小顔叙例，注家爵里、余靖上言一並泯棄。意其間有刊版年月，必非宋時，而售者必欲充北宋刊，泯其迹耳。按：宋以後刊《漢書》有元大德九年太平路本。此本《本紀》第三，一葉版心有「大德八年補刊」六字，則當爲大德以前刊。且北宋諱避闕至欽宗之「桓」，南宋諱自「構」、「慎」皆不闕，知非南宋乾道、慶元及川、吉、越、湖北諸本。賈人勞心作拙以冒北宋，即由於此。然審其字體、板式，已是宋末元初不精之刻。蓋金、元間以紹興本翻雕，而大德修補之本。其刻手善少劣多，故不能精好奪目。《愛日精廬藏書志》記宋刊元修本，板心有記大德、至大、延祐、元統補刊者，其行字同。友芝又見豐順丁氏收黄丕烈舊藏景祐殘帙，足以宋刊元修若干卷者，亦有大德、至大諸補板。行字亦同，紙墨字體約畧相似，則此爲金、元間刻，益無可疑。同治戊辰開正湘鄉相公示舊藏袁漱六贈本，命檢勘審定，謹據所見疏諸卷端。班《書》舊刻不易覯，即金、元間本決勝明以來諸傳刻，固不必虚擬景祐、紹興以爲珍重也。上九日戊午，金陵三山客舍獨山莫友芝書。

〔一〕「乾道三年隸書白文五字」，疑「五」字有誤，或「乾道三年」後有奪字。

三國志注 元本。上海瞿氏藏。

半葉十行，行二十九字，注二十二三字不等。惜補换過半。

宋史 元至正江浙行中書省官本。

每葉二十行，行二十字。其中縫一行，中截大書分卷云《宋史》目録幾、《宋史·本紀》幾、《志》幾、《列傳》幾。上截右旁書通卷云《宋史》幾，或幾十、幾百。左旁計一葉字數。下截卷、葉數之下右旁云某某寫，左旁云某某刊。

《宋史》以至正五年十月表進，即于六年□月咨浙江等處行中書省，差史官翰林應奉張翥馳驛賫淨稿，前去選匠，依式鏤板，文載目前。是江浙一本爲最初之刻。同治乙丑夏，在上海見嘉興馬氏一本，惜其不完。

資治通鑑 元興文署本。

元興文署刊本。《資治通鑑胡注》二百九十四卷，裝九十六册。出于泰州某家。同治乙丑夏，余曾議購未就，越庚午秋購成矣。舍弟以其點抹乖剌促還之，尋爲江安傅麗生通守所收。是刻字體多波折，四邊線極粗。嘉慶間鄱陽仿刻，亦稱善本，而未能畢似也。明正嘉以來是板歸南監，遞有修補。此本則元末板未漫漶時印，雖丹墨礙目，其質地實極精美。余折閲後，猶時時往來于懷。麗生畧去外礙，且增直以售，亦可謂能鑒真者矣。據印記、跋尾知經藏曹氏倦圃、馬氏小玲瓏山館、趙氏亦有生齋，餘不悉録。身之注此書，原附《釋文辨誤》十二卷，鄱陽覆本有之，而此未備。然温公本書固完然無少闕，五百年來萬葉鉅編能爾者，復幾見哉！冬十二月既望，麗生將持還蜀，屬獨山莫友芝書其端。

資治通鑑綱目四十九卷 元本。

每半葉十行，行大十六字，小二十二字。遇宋諱或缺或不缺，蓋元覆宋板也。其結行、字體極似震澤王氏所刊《史記》，善印亦佳，本不易得者。是書自明正德福州刊七家注，攙入《書法》、《考異》、《發明》、《質實》諸閑文，甚爲礙目。宋、元人本猶無之，故已可貴。閶門市出，惜闕後半。

續宋編年資治通鑑十八卷 舊本。上海徐氏藏。

宋李燾進。《四庫》著在存目。半葉十五行，行二十四字。寫刻整滿，是宋元密行善者。卷目之末有「雲衢張氏」、「鼎新刊行」二木記。

金陵新志十五卷 元本。

至正癸未張鉉撰。本鉉書。文淵閣著録。此本郁氏宜稼堂藏，板多漫漶。

音注文中子十卷 監本。嘉興唐氏藏。

十三行，二十三字，與《老子》同。蓋元人刊六子之二也。

管子注二十四卷 元本。

每半葉九行，行二十字。王惕甫芑孫舊藏。中朱筆校過。首題識云：「芸臺先生至杭，停泊胥江，過鷗波舫，因出《管子》一書相贈。後同年黄蕘圃見之，定是元板。市中不可多得，因重裝之。鐵夫記。」今歸豐順丁氏。

圖解校正地理新書十五卷 金本。

宋初因唐吕才《陰陽書》中之地理八篇，分類增輯爲《乾坤寶典》。景祐初又命修正舛盭，别成三十五篇，賜名《地理新書》。皇祐三年，復詔王洙等句管删修，事具洙《進書序》。金世宗大定甲辰，宋淳熙十一年。平陽畢履道爲圖解。章宗明昌壬子，宋紹熙三年。古戴鄙夫張謙復爲精校補完以行。此本殆即謙所刻也。每半葉十七行，行三十字。王洙詳註則十三行，行二十六字。每册首有「曾藏汪閬原家」印，知爲汪士鐘舊藏。今歸丁禹生方伯。丁卯十一月朔日，觀首册，末有「田耕堂藏」、「士禮居藏」二印。

宋《地理新書序》 翰林院侍讀學士朝散大夫尚書吏部郎中充史館修撰判國子監提舉集禧觀

事上騎都尉賜紫金魚袋臣王洙等奉敕管句删修。臣聞：聖人包慮民之心，其制器大備，其示法詳密，使民日去不善，居而蕃息者也。父母之於子，推燥溼以養之。又教以水溺、火焚、矛戟、虎豹、蛇黿之能害人者，丁寧反復，然後知而避之。人識父母之於己，生而養之者也。不識安而全之者，父母之教也。人之於父母，知其大而遺其細，知擇福而不知避害。聖人者爲之宫室、耒耜、書契、舟楫、弧矢、網罟、臼杵、重門，皆所以興利驅害，慮及萬世。當是時，庶工百執事黽勉于下，涖官以智，獻功以時。爲之者，百官也；成之者，聖人也。《易》曰：「通其變，使民不倦。神而化之，使民宜之。」聖人爲民父母，制器、示法既備且悉，周於無窮。昔公劉居豳，太王居漆沮，文王居岐陽，武王居鎬，代皆相其吉凶，然後居之。在《詩》曰：「篤公劉，既景乃岡，相其陰陽。」「古公亶父，聿來胥宇。」「爰契我龜。」「度其鮮原，居岐之陽，在渭之將。」「考卜惟王，宅是鎬京。惟龜正之，武王成之。」及周公營新邑，亦使太保召公先卜宅、獻圖兆。商相傳説曰：「明王奉若天道，建邦設都。」然則建邦都、營邑屋，面方辨位，以求其宜，本三王之法也。在《周禮》有建邦國、都鄙之法，以水地、土圭、表埶規日景，以極星正朝夕是也。秦漢已降，術學蜂起，占家有五行、堪輿、建除、叢辰、太一諸學，世多習者，其書寖廣。大宋總一海内，天覆地載。列聖愛民之心，疚然深思。農田耕墾，風雨祈禬，皆著敕法。若醫藥鍼石不得其宜，則夭殤所繇生也。論次爲書，博士諷誦，與令格、敕書藏于天下。又若占家之説，冠昏、行人、丘封、葬斂、日時、吉凶，不得其法，則人逢百殃。聖人之心，將欲納民于富壽，其亦有取於斯也。唐貞觀中，太常博士吕才奉詔撰《陰陽書》五十篇，其八篇地理也。至先朝，更命司天監史序等分門，總輯爲《乾坤寶典》四百五十篇，其三十篇地理也。書既成，高麗國王上表請于有司，詔給以寫本。然序之書叢雜猥近，無所歸詣。學者抉其譌謬，凡三千五百。景祐初，司天監丞王承用又指摘闕誤一千九百。始詔太子中允集賢校理稽潁、冬官正張遜、太卜署令秦弁，與承用覆校同異，五年而畢。詔付太常，命司天少監楊惟德與二宅官三十七人詳其可否。惟德洎遜斟酌新曆，修正舛盭，別成三十五篇，賜名《地理新書》。復詔鈎覈重複，至皇祐三年集賢校理曾公定領其事，奏以淺漶疏畧，無益於世。有詔臣洙、臣禹錫、臣羲叟洎公定置局删修。以司天監主簿亢翼〔二〕改正其舊，觀文殿學士丁度典領焉。度薨，臣洙寔掌其屬。於是具閲三觀所藏及古今古術驗忌，披其奧窔，詰其苞柢。管以體要，區以輕重，而各從攤部，先後可尋。自吕才成書，名以「地理」，而專記冢墓，頗殺以室舍。吉凶同條，非著書之法。今首以城邑、營壘、寺署、郵傳、市宅、衢衖，則左陰右陽，刑禍福德所相也。辨之以四方，敘之以五行，商之以五姓，憲之以九星，媲之以八卦，參之以八變，爲《地事》凡二十篇。終以冢穴、埏道、門陌頃畝，則開三閉九，山壟水泉所相也。任之以八將，齊之以六對，董之以三鑑，傃之以六道，爲《葬事》凡十篇。若乃岡原利害則繪之，以易民用，爲《地圖》一篇。種次有彙則總之，以便看讀，爲《目録》一篇。勒成三十二篇。闓之以經義，辨鑿空也。質之以史傳，信休咎也。廣之以異聞，求成敗也。巫史所傳則存其可據者，不顓新見也。辭質而易曉，便于俗也。皇帝陛下以聖人制作之德，廣祖宗愛民之心，將使斯民去夭傷、刑害，而遠不善，則兹書之所以作也。自有詔校正，距今二十一年，臣洙等以庸淺而黽勉于下，曠日彌月，然後能就。若乃成而名之，皆陛下也。四夷有求於中國，觀其書則文而不俚，將以見册府藏書之盛。其下則惠逮漏泉，宅兆以時。聖人之仁如此，惟文武受命，世世忠厚。詩人美之曰：「敦彼行葦，牛羊勿踐履。」謂草木微者，猶能愛之，况于人乎？故卜世三十，享國過歷若然。大宋之仁，溥博上下，則愛民之報，祚以萬年，天之道也。謹序。

金《圖解校正記地理新書序》　宅葬者，養生送死之大事也。自司馬《史》分陰陽家流，至唐迄宋，屢詔儒臣典領司天監。屬出祕閣之藏，訪草澤之術，胥參同異，校覈是非。取合於理而災祥有稽者，留編太常，即今之頒行《地理新書》是也。俾世遵用，以裨政治。保生民躋於壽域，惠亡者安于下泉。示愛民廣博之道，不其韙與！兵火之後，失厥監本，於是俗所傳者，甚有譌謬。至於辭畧而理乖，名存而實革，既寖差誤，觸犯凶災。僕深患斯文之弊，遂質諸師説，訪求善本，參較以正之者，僅千餘字；添補遺闕者，幾十數處。兼有度刻步尺之差者，則以算法考而改之。有陰陽加臨之誤者，則以成式推而定之。至若四方正位，詳説其準繩、表臬，求影星取中之法。四折曲路，細畫其角斜、正方，合句股入穴之圖。山水列其吉凶，祭事分於壇墠。發揮經義，注釋禮文，歲餘方畢。藏之于家，以俟同道之能者踵門而採擇焉，庶亦知余攻業之不忽也。時大定歲在閼逢執徐，平陽畢履道題。

金《精加校正補完地理新書序》　僕叨習地理，忝慕陰陽，雖專述二宅，而取則於此書。伏覩古唐、夷門、蒲阪等處，前後印賣《新書》，未嘗有不過目收購者，終莫能見其完本。唯我先師馮公傳授，亦遺《地圖》一篇。繼有平陽畢先生者，留心考覈，可無微失。而又增加圖解等法度，真得其旨趣矣。自是更訪求名士家藏善本比對，差互甚多。今據從來板内遺闕者，並以補完。元差互者，校讎改正。一兩疑未詳者，乃各存之。及其間寫雕錯誤，亦以校定。其卷首四方定位之法，圖解已是詳備。竊見嘗造取正、定平制度亦可爲式外，五姓聲同而虛實音異者，今以纂，出《地下明鑑立成》，傍通三鑑六道，繼敘輪圖。又校正禽交、步分及民庶合用塋田，參定傳符、雜忌等述，兼論吕才言宅葬經書之弊，各布列本篇之下，總二萬餘言，以廣異聞。僕恐未能專擅，遂誠心修集，以俟同道之能者，幸改易焉，庶幾我輩易爲遵用。審觀此書之興也，始自唐代吕才删定，名以「地理」。至于宋朝注歷，數主重複詔下有司，始終幾有百年方以定，用頒行于世。今野俗之流而有專執星水之法。或只習一家偏見之文。又有不經，隨代進用，頒行傍門小説不根之語，或與官書相害者，執而行之。兼有不能與五姓參用，而專排斥五音姓利，良可罪哉！僕今見平陽數家印賣此書，雖有益於世，竟未見完者。恐久墜斯文，莫能從善，不敢欺隱。遂將正文插入，又附以亂談舛駁之辭。短拙不揆尤甚，輒以俗言紀其事迹。時明昌壬子歲，古戴鄙夫張謙謹啟。

〔一〕「翼」當作「瑛」。

書法鉤玄四卷 元本。

元朱方蘇子啟纂輯。《四庫》存其目。明趙宧光寒山精舍藏本，豐順丁禹生氏所收。卷中批抹多用草篆。四卷末記一行云：「萬曆壬子仲春二日，胡蝶寢閣。」皆凡夫手迹也。一卷首册有印曰「梁鴻墓下」。凡夫寒山〔二〕，當去鴻墓不遠。聞昔梁方伯治吴，訪求鴻墓未得，禹公曷不依寒山舊址一更尋之？

〔二〕「凡夫寒山」，《持靜齋書目》作「凡夫居寒山」。

考古圖十卷 元大德本。

宋吕大臨撰。首載元祐七年吕大臨《考古圖記》。次載大德己亥古迂陳才子謹題，及茶陵陳翼子、翼偁識。後又有記八行，謂宋儒正字吕輿叔先圖古器物並録其銘篆，彙爲十卷云云。其所記之人及年月，蓋在後葉失之。其每卷題後並署「默齋羅更翁考訂」。則陳子謹題所謂「汲郡吕公彙諸大家所藏尊、卣、敦、盂之屬，繪爲鉅編，兵後多磨滅。吾弟翼偁又廣吕公好古素志，屬羅兄更翁臨本。且更翁刻以傳世，并采諸老辨證附左方。」是不盡吕氏原本矣。前有「鹿巖山人」一印。卷首有二卣主人二十一歲小像，嚴可均題。篆書。像後有倪稻孫題。二卣不知即稻孫否？

困學紀聞二十卷 元本。嘉興唐氏藏。

宋王應麟撰。前載牟應龍、袁桷二序。蓋即桷序所謂馬速忽、孫楫濟川所刊本。半葉十行，行十八字。又於坊間見一本，亦同此。

事文類聚 元本。

每半葉十四行，行二十八字。

玉海二百卷 附刻諸種俱備。元至元刻本。

行款與今通行本同，特板心稍大。字體秀勁，近趙吳興。首有胡助、李桓、阿殷圖埜堂、王介四序，及至正三年慶元路刊行文牒及薛元德後序。又有伯厚之孫厚孫識語，在伯厚題跋後。謂其先祖且謂：「未脱稾難以示學者，故藏于家」云云。「浙東都事年公始建議板行。今元帥資德公既至，即命刊布。又刊《詩考》、《詩地理考》、《漢藝文志考》、《通鑑地理通釋集解》、《踐阼篇補注》、《急就篇》、《王會篇》、《漢制考》、《小學紺珠》、《姓氏篇》、《六經天文編》、《康成易注》、《通鑑答問》諸書。厚孫等承命校勘唯謹，而董役者弗爲修改，遺誤具在，觀者審焉。至元六年庚辰四月一日。」卷首有「張寬德宏之印」、「張任文芳之印」、「玉峯張氏世恩堂圖書」、「徐氏家藏」、「曾在汪閬源家」、「郁松年印」、「泰峯」七印。

列子張注 元本。上海瞿氏藏。

每半葉十二行，行二十六字。蓋亦元人彙刻六子本之一。有「愛日精廬藏書」、「季振宜印」、「滄葦」、「廣鈞」、「平子」、「吾生甲申」數印。

宛陵先生文集六十卷 元本。

宋梅堯臣撰。每半葉十行，行十九字。有「葉氏菉竹堂藏書」、「九華山人」、「繡佛齋」諸印。

東萊呂太史文集十五卷外集五卷 元本。

半葉十行，行二十字。

劉靜修先生文集三十二卷 元本。

金劉因撰。每半葉十三行，行二十字。

道園學古録五十卷 元本。上海瞿氏藏。

每半葉十三行，行二十四字。絶似《柳文音義》。

伯生詩續編三卷 元本。

吳門黄氏士禮居舊藏，今歸海寧查氏。目録首行題「伯生詩續編」。其每卷端又題云「伯生詩」。後半葉十行，行十五字。行書甚精雅。目録後題四行云：「是集乃學士晚年所作，比常作尤爲得意，敬刻梓與騷壇共之。時至元後庚辰，劉氏日新堂謹識。」後有嘉慶丁卯十二月黄蕘圃跋云：　道園所製詩文極多，《道園類稾》、《道園學古録》、《道園遺稾》、《翰林珠玉》、《伯生詩續編》共有五種。僅見者尤在後三種，三種尤在後一種。此元刊《伯生詩續編》三卷，余與殘宋刻《白氏文集》得諸顧五癡家，藏篋中久矣。頃五癡族人出舊殘本求售，係棉紙，此係竹紙，兩本並入余手，重加校對，亦樂事也。上卷爲四、五、七言古詩，二十五首。中卷爲七言八句，四十五首。即律詩。五言同。下卷七言絶句，五十三首。五言八句，十三首。五言絶句，十三首。以《類稾》校上卷，僅《家兄孟修還江南》一首有之。《類稾》題云「家兄孟修父輸賦南還」。計他體，當稱是。稾中遺逸之篇，殆過于十九。又以《學古録》證之，亦多不載。按：後至元庚辰，道園六十九歲。是年冬，臨川李本伯宗、黄鐘仲律來訪先生于山中，編文二百餘篇。明年〔一〕本伯宗乃與先生幼子翁師編《學古録》。後六年，爲至正丙戌，先生年七十五。劉伯温編刊《道園類稾》，歐陽圭齋序之，並在刊此集後，不知遺篇何以不收？豈刻者自刻編類者，固未之見邪？且題云「續編」，知道園詩已先有編刻，而以此續之。今亦不可考，絶無傳本。後先生從孫堪編《遺稾》，于此刻不知盡收否？惜不得其本一證之。後附《葉氏四愛堂序詠》一卷。首伯生序，次吴全節、馬祖常、高履亨、夏文詠詩各一首，歐陽玄詩五首。揭奚斯、王倫徒、謝君與、王士點詩各一首，末爲伯生餞梅野詩序并七絶一首。四愛者，淵明菊、茂叔蓮、和靖梅、魯直蘭也。江東葉凱翁以宋遺士詹府僉程國録，爲其先人成甫所著四愛堂詩文卷來京師求題詠。梅野，亦凱翁號也。豈此刻自葉氏歟？

〔一〕「年」下疑脱「李」字。

樂府詩集 元本。

宋郭茂倩編。絳雲樓舊藏。半葉十一行，行二十字。

中州集 元本。滬肆。

金元好問編。半葉十五行，行二十八字。印亦中等。

周易集解 明嘉靖本。

明宗室朱睦㮮灌父所刻。有嘉靖丁巳冬刻書序，及上海潘恩序。半葉八行，行十八字。注皆低一格大書，甚醒目。朱序謂：「刻自宋季，希有存者，予得之李中麓，復用校梓以傳。鼎祚，資州人。仕唐爲祕閣學士，以經學稱於時，嘗進《平胡論》預察胡人叛亡日時，無毫髮爽，象數精深蓋如此。及閱《唐》列傳與《蜀志》，俱不見其人，豈遺之耶？抑别有所載耶？」朱序。

周易本義 大字注本。

蓋元末明初刻。曝書亭舊藏，今歸錢塘丁氏。其經翼次第，一依朱子，而以吕氏《古易音訓》雙行隨條散附經下。昔宋小茗咸熙從董氏《會通》中摘出音訓以行，此本所載尤完整，惜其未之見也。卷首有「漢唐齋」、「游好在六經」、「吴輿則氏」、「紅藥山房收藏私印」、「玉堂」、「笏齋」六印。

朱檢討跋云　朱子《易本義》析爲十二卷，以存《漢志》篇目之舊，較之程子《易傳》依王輔嗣本原不相同。惟因臨海董氏楷輯《周易傳義附録》一書，乃强合之，移易《本義》次序以就程傳。明初兼用以取士，故不復分。其後習舉子業者，專主《本義》，漸置程傳不講。於是鄉貢進士吴人成矩叔度署奉化儒學教諭，削去程傳，乃不從《本義》原本更正。其義則朱子之辭，其文則仍依程傳次序，此何説哉？沿至於今，科舉試題爻象並發，其亦悖乎朱子之旨矣。余嘗求原書不可得。今覩此秩然不紊，中附東萊吕氏《音訓》，末有朱子後序，是爲完書。宜亟開雕，頒諸學官，第恐下士見之，翻大笑爾。康熙丁亥夏六月，小長蘆朱彝尊跋。時年七十有九。書于家衎齋之道古堂。

書經纂言四卷 明本。

元吴澄撰。明嘉靖己酉，顧應祥據正德辛巳本重刊於滇中。是曝書亭舊藏，通志堂即依此本付雕，今歸豐順丁氏。卷首有竹垞翁題識云：「是書購之海鹽鄭氏，簡端所書猶是端簡公手迹也。會通志堂刊《經苑》，以此畀之，既而索還存之笥。壬申歲歸田，檢櫝中藏本，半已散失，幸此書僅存。又七年，曝書於亭南，因識。竹垞七十一翁。」卷中有「竹垞」、「朱彝尊」、「小長蘆釣魚師」諸印。所謂卷端書，乃評可否語數條，無足取也。

書傳集解 殘本未詳卷數。

缺首二卷。于《禹貢》、《湯誓》首並題云「後學金城黄諫集解」。録蔡傳，低經文一格大書。所集諸家及自下己意，則雙行夾注。半葉八行，行二十四字。板縱横不及五寸，而刻印精朗，似元佳本。汲古閣舊藏，今歸錢塘丁氏。按：是書所引，宋、元諸家外，及于明初陳雅言，是明永樂以後人矣。《明史·藝文志》不載，檢《千頃堂書目》有之，亦無卷數。自《横雲史志稾》去黄氏補《宋史》及金、元諸籍，已不愜人意。何明人著述亦如此疏漏耶？《千頃》注：「諫字廷臣，蘭州人。正統壬戌一甲第三人。歷官翰林學士。」

禮記集説三十卷 明本。

元陳澔撰。是刻蓋依元本翻雕者。半葉九行，行十七字。一如宋人《四書》、《詩》、《書集傳》之式。明永樂纂大全，蓋即依其卷數。今行十卷本，經文每節提行，註文另行低一格雙行，明人改也。《四庫》著録此書亦十卷，殆未見此本歟？丁卯冬，檢豐順丁氏藏書，有此種。郘亭亦於蘇肆中獲得一本。

埤雅二十卷 明重刻宋本。

宋陸佃撰。結銜云「中大夫守尚書左丞上柱國吴郡開國公賜紫金魚袋」。其子宰宣和七年序，結銜云「男朝請郎直祕閣權發遣淮南路計度轉運副使公事借紫金魚袋」。半葉十二行，行二十三字。天運庚□八月，京口張存性中序重刻緣起云：「《埤雅》書成，授其子宰，始序以傳之，時宣和七年矣。其後五世孫壑由祕閣修撰來知贛州，再用刻于郡庠。歷世既久，悉燬于兵燹，人罕得聞。會奉議大夫江西按察司僉事古閩林公瑜，字子潤，巡按贛上，訪于耆民黃維，得是書，欲與四方學者共。太守陳大本克承公意，乃命鳩工刻之。其中缺簡甚多，顧求别本無得者，復有待于後之博雅君子，不敢以私智補之。」「歸世昌」印。

漢書注 舊本。

半葉十行，行二十三字。刻印清整。以朱墨録徐亮直、何義門兩家評校于上下端。

前後漢書 明翻宋淳化本。

末有「淳化五年□月奉旨校刊」字。售者以爲北宋本，細核之，蓋明時翻刻者。其避諱皆不及南宋，固北宋子本也。半葉十行。前每行大十九字，小廿七字。後行大十九字，小廿五字，亦並有多少參差者。四邊極粗。

管子無注本

半葉十行，行二十一字。似元、明間刻。

農書二十二卷 明本。

元王禎撰。凡《農桑通訣》六卷，《穀譜》四卷，《農器圖譜》十二卷。每卷題集之一、集之二於目。集之一附説云：「古之文字皆用竹帛，逮後漢始紙爲疏，乃成卷軸，以其可以舒卷也。至五代後漢明宗長興二年，詔九經版行於世，俱作集册。今宜改卷爲集。」首載嘉靖庚寅臨清閻閎序。蓋山東巡撫邵錫、布政使顧應祥始刊，而左布政使李緋成之。半葉十一行，行二十二字。板心頗大。此書明萬曆末鄧溪刊本删併爲十卷。《四庫》本亦二十二卷，乃依《永樂大典》本，約用王氏元卷第重編，以聚珍板印行，恐亦未能悉還其舊。惜未見此本耳。

野客叢書三十卷附録一卷 仿宋本。瞿氏藏。

宋長洲王楙撰。小序有「香竹山房藏本」、「宗橚」、「詠川」、「古鹽張氏」四印。目録有「松下藏書」、「緑蓑青笠邨尻」二印。目尾有「長洲吴曜書黄周賢等刻」十字雙行，每卷尾皆然。卷一有「漁書竹堂」、「李兆洛印」二印。半葉十行，行二十字。

西溪叢語二卷 明嘉靖鶴鳴館刻本。

宋姚寛撰。張紹仁、吴翌鳳遞藏。丹黄殆遍。

韋蘇州集十卷 明翻宋本。

半葉十行，行十八字。卷第一。古賦。雜擬。燕集。卷二。寄贈上。卷三。寄贈下。卷四。送別。卷五。酬答，至《酬閻員外涉》止。逢遇，《長安遇馮著》起八首。卷六。懷思，至《追懷》止。行旅，至《山行雨歸》止。感歎。卷七。登眺，《登重玄寺閣》止。遊覽。卷八。雜興。卷九。歌行上。卷十。歌行下。

韓文考異音釋

宋朱子《考異》、王伯大《音釋》合編本，凡四十卷。目録一卷，外集一卷，合十卷爲一。遺文一卷，附録集傳一卷。半葉十三行，行二十七字。海寧查氏藏，以爲宋刊，然無憑據。觀其款式、字體，當是明初刊本。

雲臺編 明本。

唐鄭谷撰。嚴嵩序後有康熙辛卯何義門題字。又有「葉氏藏書」一印。

迂齋先生崇古文訣

元、明間覆宋板。半葉九行，行十九字。有「沈瀚」、「世貞」、「允明」諸印。王弇州題籖猶存。

宋元舊本書經眼録卷二終　遵義趙崧篠蓉校字

宋元舊本書經眼録卷第三

易學五十卷

明卓爾康撰。爾康，仁和人，字去病。萬曆壬子舉于鄉，授祥符教諭。歷工部員外郎，左遷常州府簡校，徙大同府推官，總督盧象昇常引參謀軍事，移兩淮分司運判。爲淮人請賑激切，觸忌罷歸。事迹具縣志《儒林傳》、《明史·藝文志》。卓爾康《易學全書》五十卷，《四庫提要·存目》僅有爾康《易學》殘本十二卷，蓋乾隆中採進，已無全本。此本吴騫拜經樓所藏舊鈔全帙。其《説卦傳》一卷獨存刊本。首葉及板心計卷處猶留空木未刊，蓋付鋟始此兩卷，丁明末之亂，遂未及完耳。其書條引衆説而附以己説，亦有衆説具而已無説者。所引注疏、集解、傳義之外，于明蔡虚齋、何元子兩家最多。蓋義理主虚齋，古義依元子也。其他徵引就乾坤二卦有：劉濬伯、管登之、來之德、鄒黍回、于令升、項安世、吕伯恭、劉濂、季明德、章本清、馬理、黄端伯、歐陽永叔、郝仲輿、鄧元錫、陸庸成、林黄中。《象鈔》、《九家易》：邱建安、趙汝楳、張彦陵、焦弱侯、唐凝菴、姚承菴、楊止菴、俞玉潤、俞玉吾、高景逸、鄒泗山、邵氏、李隆山、蘇子瞻、吴叔美、吕叔簡、邵子、張横渠、李子思。《易簡録》：楊止菴、楊誠齋。《測言》：周顒、虞翻。《易徵》：吴因之、鄧汝極、周天如、陸績。《決録》、《乾鑿度》、《潛解》、《蔡氏易筌》：雪浪、金汝白、游定夫。《像象》：陸庸成、方孟旋、顔充宇、胡雙湖、李隆山、王伯厚、蘇紫溪、程竹山、孫聞斯、吴臨川、徐幾若干家。又有稱「嗚缶氏曰」者數條，不知其亦爾康説？抑他人説也？

周易觀象補義略 寫本。

國朝諸錦撰。錦字襄七，號草廬。秀水人。雍正甲辰進士，庶吉士改知縣，又改教授。乾隆丙辰召試鴻博，授翰林檢討，官至右春坊右贊善。其《毛詩説》、《補饗禮》等，并《四庫》著録，而未及是書。是書集諸儒之説而斷以己意。末題子壻范成編次。嘉慶末，禾人戴光曾得此四册清本于吴中。其《提綱》一卷及下經自《姤》初一下至《雜卦》皆其手書，尤可寶貴。今歸海寧查氏。

禮經本義十七卷 寫本。

國朝梁溪蔡德晉敬齋輯。以十七篇分嘉、賓、軍、凶、吉爲次。軍仍缺。凡十六卷。第十七卷則《逸禮》諸篇，而自爲輯注。其本經僅十六卷者，無《喪服》一篇也。

爾雅新義 寫本。

宋陸佃撰。此書《四庫》未著録。

龍龕手鑑四卷 影鈔本。瞿氏藏。

遼釋行均撰。其卷題云「龍龕手鑑平聲卷第一」。釋行均字廣濟。集首載統和十五年丁酉七月，燕臺憫忠寺僧沙門智光序。遼聖宗統和丁酉，當宋太宗至道三年。其所據影之本甚大，蓋似明刻金人《五音集韻》、《篇海》。每半葉十行，行容大字十八，容小字雙行可三十六。其當摺縫上角多缺字。

吉金古文釋 稿本。此跋拾補。

朱右甫先生《吉金古文釋》四册。其喆嗣建卿同歲，以先生手稿裝存者也。按：阮太傅文達公萃一時同好十二家古金搨本，益所自藏搨集爲一書，以續薛尚功書，後爲《積古齋鐘鼎彝器款識》。右甫先生即十二家之一。文達又謂右甫酷嗜古金文字，以各搨本屬之編釋，訂成十卷。是《款識》屬稿皆出先生，文達特審定而已。其一册有「阮氏編録卷一」書題及文達公改定字與朱筆改題書面，一册亦有改定增益，一册器後跋多補填元字。是三册蓋即編《款識》時初稿。其一册首有先生癸亥仲秋自記，謂手摹積古齋藏揚州江秋史侍御所摹三十六種，詮釋題己名。是本先生自著。中間亦有數條塗去己名改定，蓋後編《款識》擬摭入者，此更其先河也。同治戊辰開正，建卿從子竹石郡丞過金陵持示，謂其從伯裝存時，乃從故紙搜出，散逸已三之二。蓋將援文達以歐陽《集古録》手稿賸葉刻石之例，存什一而未就。今得竹石斤斤奉持不敢失墜，知必能竟其緒，以張家學，以快海内好古之先睹也。豈不懿哉！五月戊寅長至，獨山年家子莫友芝謹識于吴門書局。

通鑑紀事本末補後編五十卷 稿本。

國朝仁和張星曜撰。以袁氏《本末》未有專紀崇信釋老之亂國亡家爲篇者，乃雜引正史所載，附以稗官雜記及諸儒明辨之語，條分類集，以爲此書。其紀歷代佛氏之亂，曰「歷代君臣奉佛之禍」，四卷。曰「佛教事理之謬」，十卷。曰「佛徒縱惡之禍」，五卷。曰「儒釋異同之辨」，五卷。曰「儒學雜禪之非」，十卷。曰「歷代聖賢君臣闢佛之正」。七卷。紀歷代老氏之亂，曰「歷代君臣求仙奉道之禍」，三卷。曰「道教事理之謬」，二卷。曰「道士縱惡之禍」，一卷。曰「儒老異同之辨」，二卷。附釋、老異同。曰「歷代君臣聖賢闢老之正」。一卷。學者欲知異教流失，得此總彙亦易爲明晰。星曜字紫臣。成書自序在康熙庚午，尚未刊行，此其手稿。丁卯初冬丁禹生日昌方伯新收，借觀記。

建康實録二十卷 影宋鈔本。

每葉二十二行，行大字二十，小字三十三、三十四不等。二十卷尾附記云：「江寧府嘉祐三年十一月開造《建康實録》，並案《三國志》、東西《晉書》并《南北史》校勘，至嘉祐四年五月畢工。凡二十卷，總二十五萬七千五百七十七字，計一十策。」後葉前半列張庖氏、錢公瑾、曾伉、熊本、趙真卿五人校正銜名，及通判軍府彭仲荀、知軍府事梅摯銜名。後半又載紹興十八年十一月荆湖北路安撫使司重别雕印韓軫、高楫、王廓、張允之、万俟虚、趙遜、周方平、劉長、王瑋九人銜。此所據鈔者，紹興本也。鈔字尚不劣，蓋明末國初時物。僅卷首「郁泰峰己亥年所收書」一印。其鈔自何年、何人不可考矣。

元和郡縣圖志四十卷目録一卷 舊鈔本。

每半葉十六行，行四十字。其每卷書題並有「圖」字，蓋據宋淳熙三年張幾仲名子顔。帥襄陽刊本過録。有程泰之名大昌。淳熙二年五月序，序後復有「是年長至，泰之以是書付幾仲」識語。又有淳熙三年十一月，番陽□□□序，則爲幾仲刊書作。按：是書本有圖，至宋已亡，見泰之序中。書題「圖」字自舊，近今傳本乃删之耳。元闕卷十九之河北道四卷，二十之山南道一卷，二十三之山南道四卷，二十四之淮南道一、三、十五六，嶺南道二、三，凡六卷。

元豐九域志十卷 寫本。

棟亭曹氏舊藏。每半葉十行，行二十字。蓋依宋、元舊本影鈔者。字雖不工而式整雅，勝今刊多矣。

新定元豐九域志十卷 影宋鈔本。

半葉十一行，行大字約十八。注雙行小字，行二十三四字不等，即全載王存書。每州列縣之後增「古迹」一門，蓋宋坊本也。海寧吴騫兔牀拜經樓舊藏，今歸唐鷦安翰題。有兔牀及吴枚菴二跋。枚菴跋云：「《新定九域志》十卷，青芝山堂影宋鈔本，復從元豐舊志校勘者。首卷原闕四京以下六版，又脱曹州濟陰郡半版，亦從舊志鈔補，並録入進表一篇，略成完書矣。新定本校書志增多『古迹』一門。朱竹垞謂舊志乃經進之書，此則民間流行之本，未知然否？慨自祝穆《方輿勝覽》殘山賸水，僅記偏安州郡，惟此與樂史《寰宇記》猶見全宋規模，而流傳甚罕，識者所當什襲而寶貴之也。乾隆戊戌秋九月，枚菴漫士吴翌鳳書。」兔牀跋云：「吾家枚菴僑居吴下，性喜藏書。每遇祕本即手爲傳録，蓋今之方山也。王正仲《九域志》流傳絶少而有『古迹』者尤爲難得。癸卯夏從枚菴借得，因亟鈔而藏諸拜經樓。」槎客又朱識云：「壬子仲春，復以錢遵王影宋鈔本及嘉興馮氏新刊本重校一過。」

長春真人西遊記二卷 寫本。瞿氏藏。

元李志常撰。記其師邱處機西遊事。于山川、風土、飲食、衣服、百果、草木、禽蟲之别，皆資考證。《揅經室外集》始著録。

天下郡國利病書 稿本。

國朝顧炎武撰。乃鈔集志乘、史傳未成之稿。道光間成都龍萬育得其副本刊之，凡百二十卷。此其元本也。同治丁卯九月客蘇城，有持興化人家藏來售，因獲觀之。皆細行雜鈔，不出一手。以朱筆校改誤字。其每件後時有零星小件，則行書密行增入，無誤字。然則朱改及行書，或亭林筆也。末有黄丕烈跋云：乾隆己酉九秋，友人張秋塘以《天下郡國利病書》原稿示余，共三十四册，曰：「此亭林真迹也。」余留閲。至山東省，見卷首葉不全，書中文義亦有殘闕，還之。往〔二〕晤秋塘，云是書是傳是樓舊物，後歸顧，歸王，此乃得自王蓮涇家。其殘闕者，安知非即亭林序所云亂後多有散佚者乎？時書已歸蔣春皐，余甚悔前此之不即收也。壬子秋〔三〕，有五柳居書友攜是書來，亟以數十金易之。是書本數與《蘇州府志·藝文門》載傳寫本三十四册之説相合，每本旁有小數一至三十四，唯缺第十四本。今之强分十五爲十四者，定係後人僞作。每本部葉標某省或某府字樣，次序先後，起自北直，而蘇、松、常、鎮、江寧、廬州、安慶、鳳寧、徽、淮、徐、揚、河南、山東、山西、陝西、四川、浙江、江西、湖廣、福建、廣東、廣西、雲南、貴州、交趾、西南夷、九邊四夷而止。他省不分府，南直獨分者，亭林籍南直，紀載加詳故也。每本有「備録」字。案《肇域志序》有云：「本行不盡則注之旁，旁又不盡則别爲一集，曰《備録》。」則此書與《肇域志》相出入。否則如《利病書序》所云，有得即録，共成四十餘帙，一爲輿地之記，一爲利病之書，兩書本合而存之與？至《府志》載是書爲一百卷，而外間傳寫又分一百二十卷。今觀原稿並無卷次，則分卷之説俱不足信。且各省先後傳寫本不復如原稿次第。即所缺之第十四本，或居十三本河南省之後，而缺在河南，或居十五本山東省之前，而所缺在山東，皆不得而知之也。今十五本從「新店淺」云云起，決非完書。傳寫本山東省有起處數葉，河南省亦于起處多兩葉，余爲録入。其本數已分三十四爲六十，有原稿部葉别之，仍可弗亂。

〔一〕「往」原誤作「徐」，據《蕘圃藏書題識再續録》改。

〔二〕「壬子秋」，《蕘圃藏書題識再續録》作「壬子春」。

南宋館閣録十卷續録十卷 寫本。

宋陳騤撰。此據《四庫》本寫者，字頗圓潤。

元秘書監志十一卷 寫本。

元承務郎祕書監著作郎王士點、承事郎秘書監著作佐郎商企翁編次。此寫甚工。半葉九行，行十六字，蓋據元本過録。

太常因革禮一百卷 寫本。

宋治平二年，歐陽修等撰進。《四庫全書》佚收。道光間阮文達得舊鈔本，乃以進呈。中間尚缺卷五十一至六十七。此依錢塘羅以智本過録。有以智跋云：「《太常因革禮》一百卷，《四庫全書》未著録，《讀書後志》收入經類，題姚闢、蘇洵撰。按《洵傳》，以霸州文安縣主簿與陳州項城令姚闢同編纂。書方成，奏未報，而洵卒。闢字子張，金壇人。少從胡安定學。皇祐元年進士，後官通州通判。時爲太常博士。嘉祐間歐陽修以《禮閣新編》、《太常新禮》多遺略，二書之外存于簡牘者日以殘脱，奏請編纂。又從祕閣校理張洞奏請，六年七月己丑命闢、洵專領其局，修爲參政，又命之提舉。治平二年九月辛酉書成，修與禮官李柬之、吕公著、宋敏求、周孟陽、吕夏卿、李育、陳繹及闢、洵等上之，得賜名。其書卷首題『歐陽修等奉敕編』，故《宋史·藝文志》但著修名。紹興元年復上于劉敞，詔付太常。今傳鈔本僅存八十三卷，多訛脱處，五十一至六十七，凡十七卷全闕。百卷中《總例》二十八卷，目二十有九；《吉禮》二十三卷，目三十有八；《嘉禮》九卷，目十有七；《軍禮》三卷，目六；《凶禮》三卷，目二十有五；《慶禮》一卷，目九；《新禮》二十一卷，目三十有六；《廟議》十二卷，目二十有五。當日李清臣云：『繁簡失中，訛缺不補。』有宋一代之禮書，今鮮存者，無可取證矣。考《開寶通禮》等下逮臣庶，是書惟輿服及羣臣之制，餘悉詳朝廟儀法，而視學、養老、賜酺諸典禮皆不載。祥符元年封禪，禮后土，不載玉册、玉牒文。

建隆元年上帝后謚號，亦不載册文。后妃下《輿服》，略輿而詳服。指南、記禮〔一〕、黄鉞車，志《輿服》與《鹵簿》相複，信有如清臣之所譏者。然以《宋史·志》考之，如皇祐二年大享明堂儀法，《通禮》與《明堂記》互異，《史·志》依《明堂記》脱『每方山林、川澤，㞙樽各二』之文。《汾陰記》加上五嶽帝號，在祥符四年。《史·志》但書五月乙未，而脱書年。《禮閣新編》董温其奏霍山之祭在祥符元年，王欽若奏先蠶之祀在景德三年，《史·志》並脱書年。《國朝會要》和峴蜡臘之議在建隆四年，《史·志》在二年。《通禮》王欽若天帝權龕之奉在景德二年，《史·志》在三年。《太常新禮》加封四瀆在康定二年，《史·志》在元年。《會要》皇后之服三等，一曰褘衣，二曰鞠衣，三曰氈衣。《史·志》后妃之服，一曰褘衣，二曰朱衣，三曰禮衣，四曰鞠衣。其文互異。《會要》祥符二年進封文宣王廟十哲爲公，六十二弟子爲侯，其封鄄城侯者爲秦祖。《史·志》脱載所封爵號，又誤書封侯者七十二弟子。《文獻通考》不誤，而誤作祥符元年，鄄城侯誤屬之秦商。是書僅存，尚足以補正史志耳。若劉銑纂《續因革禮》，葛勝仲續增三百卷，此二書恐不可復得矣。道光辛丑初秋，錢塘羅以智跋。」

〔一〕「禮」，當作「里」。

宋政和五禮精義注十卷 舊鈔本。

題宋韋彤撰進。政和三年自序。覈其書乃取三《禮》及他經傳舊文並注類葺，時附陳氏《禮書》之説。除軍制數條偶及漢、唐史事，皆經義也。自序直鈔歐陽永叔《上太常因革禮表文》，翦棄首尾，并與本書及書題不合。考唐有太常博士韋彤著《五禮精義》十卷，見《崇文總目》，謂其首載唐禮，參引古義，申釋其文，則此書亦非彤書。是此舊帙不知何人類鈔而得者，妄取唐人書名、撰人屬之而更其時代，真不可解也。

鄭堂讀書日記　稿本。

國朝烏程周中孚撰。蓋嘉、道間人。讀一書必爲解題一篇，條其得失。議論頗能持平，亦好學深思之士也。凡三十四册，約存七十卷。經部編十四卷，諸經皆略具，唯缺易及小學雅故、字書。史部二十二卷，子部三十三卷，尚無大缺逸。集部則僅本朝二卷，計亡逸當十之二、三，不知更有副本否？亂後益無從訪求矣。阮文達訂《詁經精舍文集》録中孚文幾十首。孫淵如次《詁經精舍題名碑》列中孚於講學之士。劉履芬案：馮登府《周鄭堂明經傳》：字信之。嘉慶辛酉舉拔萃科，癸酉鄉試副榜。所著有《讀書記》、《金石識小録》、《孝經集解》、《逸周書補注》、《詞苑叢話》、《鄭堂文録》、《詩録》、《題跋》、《札記》、《四庫存目附録》、《亭林年譜》等書，均未刻。

舊館壇碑考　稿本。此跋拾補。

今金石家言，前五代碑刻唯蕭梁一代略能指數，餘蓋罕聞。戊辰秋于金陵蒐獲在孫伯淵氏《訪碑録》外更七八事，亦是梁物，擬彙爲《梁石記》以傳之。其石無存而孤搨在世，有重刻若《舊館壇》者，亦從編入。已據顧湘舟刻翁叔均雙鈎本鈔儲卷中。尋來吳門度歲，識叔均之子次孺，謂其先公于此碑用功最深。據潘稼堂檢討舊藏翦表本，得其行列、高廣尺寸，備摭宋至今言是碑者四十餘家，附以論説，爲《舊館壇碑考》一卷。其雙鈎最後本又有李方赤邗上一刻，尤矜慎，因假觀，得校正顧刻筆異若干字。並録其《考》一通，藏影山，書元本後歸之。次孺講訂金石有家法，他日當精書善刻若汪退谷《鶴銘考》卷，以惠海内好古之士，亦善述之一端也。同治己巳歲二月既望，獨山莫友芝。

太白陰經 孫淵如手校本。

寶山蔣劍人敦復所藏。乙丑閏五月朔日，在上海借觀。校今行叢書刻本，可補正者甚多。

《校正太白陰經序》　唐李筌《太白陰經》八卷，舊存篋中。首闕《天無陰陽》、《地無險阻》二篇，又無諸營陳圖，文字亦多脱落。頃以明茅元儀所刻《武備志》中引李筌書校補，又檢《通典》、《太平御覽》互加勘定。第八卷《雜占》疑即《宋·藝文志》所稱《占五行星度吉凶訣》一卷。但《中興書目》及鄭樵《藝文略》俱稱十卷，唐、宋《志》同。此則合《雜占》止八卷，或後人合併之，似無闕佚矣。李筌官荆南節度副使，其名姓、官位僅見《集仙傳》及《神仙感遇傳》。世所傳《陰符經》或言筌得之驪山老母。《神仙感遇傳》亦謂筌入山訪道，不知所終。是其人生平好怪，故無政迹見於正史。此書有《祭毗沙門天王文》，亦是唐時陋習，筌所增入。然其書議論純正，鑒人、相馬、攻守之具，古法猶存。《東都事略·燕達傳》：達采諸葛亮、李靖意成五陳法授之，以教戰士。即此諸陳法也。後附《藥方》、《占訣》，皆非筌所能臆撰者，實勝于《陰符經》，故與杜佑所引文往往符合。兵家各書亡佚甚多,《周禮注》所引孫子萃車之陳,《傳注》所引《太公陰符》,今皆不可得。此即有用之學,刊以俟後人補訂焉。嘉慶五年正月二十一日,孫星衍序于吕蒙城舟次。

素問六氣玄珠密語十六卷　舊鈔本。

書中自題曰「啟玄子述」,即唐時注《素問》之王冰也。《宋史・藝文志》載王冰《素問六脈玄珠密語》一卷,當即此書。而「氣」譌「脈」耳。一卷,亦有誤。《道藏》目録及焦竑《經籍志》載此書並云十七卷,此鈔當闕一卷也。其書專論五運六氣,因六十甲子直歲反復言之,蓋以天時運轉明醫法。

宋寶祐四年會天曆一卷　據宋本過録。

寶山蔣敦復所藏。卷首行題云「大宋寶祐四年丙辰歲會天萬年具注曆」。其歲德、刑等,及九宫及月九宫德、刑等,日吉凶星,宜忌,建除,納音,直宿,七十二候,日出入,晝夜時刻,所注與今時憲同。又每日必書人神所在于細注下。惟按節載卦氣,如立春坎六四,雨水坎九五,及二月大夫隨卿晉公解之類,爲今所無。末載算造官五人,結銜云「寶章正統同知算造兼主管文德殿鐘鼓院荆執禮」、「靈臺郎充同知算造揚旂」、「靈臺郎兼主管測驗渾儀刻漏所相師堯」、「撫授保章正充同知算造譚玉」、「靈臺郎判太史局批點曆書鄧宗」。文後有朱彝尊、錢大昕、嘉慶八年皋月。李鋭、十九年七月。沈欽裴、二十年六月。蔡復午、二十五年涂月。陳杰、金望欣並道光二十二年九月。七人跋。敦復收此書又自爲跋。同治四年四月。蔡蘭甫云:「京房卦氣,郎顗父子得其學最精,《乾象》全用此法,《大衍》推六日七分取四正卦,以定二十四氣、七十二候,宋時蓋猶仍之。五百年來卦氣久置不用，而今憲書尚總列六候于每月之前，此特李氏《月令》之僅存者爾。定朔之説始于劉焯，李淳風始用之。經朔兩大無兩小，三大兩小皆定朔也。《會天書》四、五月皆小，九、十、十一月皆大，是用定朔也。晝夜分，一在春分前五日，一在秋分前一日。長短至，皆在夏至、冬至前十七日。是不但二十三氣，並冬至亦不依定氣矣。」陳靜菴云：「其平氣、定朔、七十二候、六十卦氣及滅没等事，蓋悉仍其本朝之舊。唯其晝六十刻、夜四十刻在夏至前十六日，晝六十刻、夜四十刻在冬至前十七日，則不可解。」金嵎谷云：「此所注晝極長六十刻，前距五十九刻十五日，後距五十九刻三十四日。極短四十刻，前距四十一刻十四日，後距四十一刻三十四日。太陽有此前後不齊行度乎？蓋鈔胥之誤。」蔣劍人云：「李四香謂朱跋歲在丙辰元日立春，百年罕遇。蓋竹垞不明推步，誤信田家諺耳。余按史家言，顓頊、高陽氏作曆，以丙辰孟春正月朔旦立春，五星會於天，歷營室立元。此《宋寶祐四年會天曆》亦歲在丙辰正月朔旦立春，曆名會天，正取此也。」

乾象通鑑一百卷 寫本。孫氏祠堂舊藏。

宋免解進士李季奉旨撰進。建炎二年高宗賜序。多引古占書，蓋《開元占經》之亞也。此本孫氏鈔藏于忠愍侯祠堂，後歸上海郁松年。道光乙巳，蕉林逸史楊振藩爲檢史志細校，以朱筆識增損其旁及上下端，將刊行未果。唐、宋人引書取大意不失，易舊文太多，亦非也。今歸豐順丁氏。同治丁卯仲冬獲觀。

此書次序、體例，按之《玉海》所載景祐《乾象新書》御製序大概相同。《乾象新書》爲楊維德等所撰，李季蓋增損以爲己書。今《乾象新書》久亡，賴此以存歷代占驗之學。宋時詔太史局每月具天文風雲氣候、日月交蝕等事實封報祕書省。《玉海》紹興三年詔。元、明不聞其事，此書正備史局檢災祥具奏而作也。《玉海》「紹興乾象通鑑」條載：「紹興元年三月十八日，詔《乾象通鑑》與舊書參用。先是御前降《乾象通鑑》一百卷付太史局，命依經改正譌舛。」《繫年録》：「初，河間府進士李季集天文諸書，號『乾象通鑑』。建炎四年六月癸酉，命婺州給札上之。紹興元年三月甲寅，詔與舊書參用，自天文官吴師彦等頗摘其譌謬。」二年七月壬寅改置翰林天文府。

《乾象通鑑》雖以紹興二年置翰林天文府，其成書在北宋時，故多見古書。如黄帝、甘石、巫咸諸占皆具於是，可補《開元占經》之漏。此書惟見《玉海》，其目載《讀書敏求記》。各家書目不載。近始得自吴門，以舊鈔本歸家仲馮翼，録存此本。天文占驗與算法爲兩家之學，近時誤合之，幾欲廢觀象之説，存之以俟知者。五松居士記。

按：陸游《老學菴筆記》有前宣州通判李季善奏章，爲秦會之設醮，未知即其人否？嘉慶十年九月十四日，孫星衍記于濟寧南池舟次。

李季《進乾象通鑑疏》　臣季言，天垂象以示吉凶，聖人觀天文以察時變，其來尚矣。雖示現不常，所遇有數。然有吉可致，其凶可禳，修德修刑，經史所載，有已試之驗。歷代宗之，設官分職，厥有攸司。秦、漢之後，散于亂罹，書既不備，法亦罕傳。間有異人研書奧學，前知禍福，自爲避就。世既禁而不習，書亦祕而不示。行於司天者，止在繩墨之中，而不能推其妙，藏于册府者，雖隱深微之旨，而未嘗見于習。學不全、法不盡，將訪吉凶禍福，是猶索塗于瞽而問樂于聾，或幸得之一二而止耳。臣書生也，早遇異人，密傳奥旨，研精窮思二十餘年。方禁綱嚴切，不敢示人。而天象時變，臣已逆知於十五年前矣。嘗以微言咨於故丞相李邦彦、前北帥王安中。初不以爲然，中略推其驗，後大信之，而事已不及矣。臣謂此術微妙人不能知，知於已然事，實無濟。於是據經籍諸家之善考古，備已驗之變，復以《景祐新書》、《海上秘法》參列而次第之，著爲成書，凡一百卷，目之曰「乾象通鑑」。開帙對目，而天之所示，時之所變，無一不在。將不勞推測，而吉凶禍福之兆，昭然可覩。然後修德于己，禳變于天，可以保世祚、安邦家、守太平，實有補于聖朝。臣是以不遠千里，冒犬豕鋒鏑之死，前赴行在而獻之畎畝之中。適際陛下龍飛，恭默思治。復令推之史册，將鑒往以知來。於萬機之餘，特賜睿覽。凡見上象宜審閲之，以圖修禳之方，避就之地。臣老歸山林，雖屏迹不出，將復見太平之日矣。不勝幸甚！ 建炎元年六月，臣李季昧死謹進高宗。

《御製序》 夫鑑者，鑒也。不知今者鑒于古，昧於古者鑒于今。朕自藩邸龍潛即遭播越。洎于濟州，舉兵南下，所有内府圖書半遭燬棄。皇考收藏苗訓、馬韶較録諸天文祕笈皆無可紀，星辰律度違錯良多，非所以敬天而勤民也。河間府進士李季，朕往在京邸即識其人。迨乎南都建國之初，不遠千里，抱其所著之書來獻應天行在。朕試以推驗其言，微中，有裨事機。夫天文之學，往者曾有私習之禁。朕以爲私習者，特圖讖耳。夫圖讖之術，乃公孫卿五利之流以之愚惑人主，故國有顯禁。至天文災變，其事具載史乘，其書爲古今帝王之鑒，又安可得而禁乎？朕惟天象昭垂，夙夜滋懼，惟恐弗克修省，以承上帝明威，又安敢崇虛文以塞災變。特命李季將所集古人占驗諸書推諸史册，以實其事，如楊維德所進《乾象新書》之例。萬機之暇，躬親垂覽，雖未能感召休和，亦可以因變知戒。殷鑒不遠，後事之師。特爲序之，以垂奕禩。建炎二年歲次戊申八月序。此序載《歷代帝王文集》。

古今集論字學新書七卷 舊鈔本。

元武夷劉惟志編集。《四庫存目》有惟志《字學新書摘鈔》一卷，而七卷之本未著於録。亦元人書待傳之一也。此册尾有此書摘鈔目録，後附正德癸酉衡州知府通海喬瑛刊序，殆是序摘本耳。豐順丁禹生氏所收。

識遺十卷 舊寫本。

宋羅璧子蒼撰。

東坡先生物類相感志十八卷 寫本。

陳鱣依知不足齋藏明嘉靖時姚咨鈔本過録。舊題「兩府僧統法戒都監選練明義宗文大師贊寧編次」。《四庫》以其題「東坡先生」爲僞託，僅于子部雜編中存其目。鱣則謂：「贊寧，宋初人，在蘇氏前，安知不號東坡？其撰此書，疏證詳明，不似僞作。爲跋詳之。今其本歸豐順丁氏。十八卷末跋云：『嘉靖己亥秋，假之石東居士。至庚子夏五月六日，始得命館僮順昌摹之。秋八月上旬方完。惜乎譌字太多，安能善本爲之一校也？茶夢道人姚咨。』釋贊寧《物類相感志》十八卷，明嘉靖時句吴姚舜咨從友人借得傳録者。眉公《祕笈》所刻止半部，此乃足本也。考晁昭德《讀書後志》作十卷，《文獻通考》同，則此十八卷，殆後人所分歟！《後志》稱：『贊寧，吴人，以博物稱于世。柳如京、徐騎省與之遊，或就質疑事。楊文公、歐陽文忠公亦皆知其名。』又王禹偁撰《通慧大師文集序》云：『文穆王時，大師聲望日隆，文學益茂。時錢氏公族與大師以文義切磋，浙中士大夫以詩什倡和』云云。又按《十國春秋》：贊寧本姓高氏，其先渤海人，隋末徙居德清縣。寶正中捨身杭州靈隱寺爲僧，已而入天台山受具足戒。習四分律，通南山律〔二〕，著述毘尼，時人謂之『律虎』。遂署監壇，又爲西浙僧統。太平興國三年，忠懿王入宋，贊寧奉舍利真身塔以朝。太宗聞其名，召對滋福殿，賜紫方袍，尋賜號曰『通慧』。纂《高僧傳》三十卷，《内典集》一百五十卷，《外學集》四十九卷，聽歸杭州舊寺。咸平元年，充右街僧録。年八十餘卒，謚曰『圖明大師』，葬龍井。贊寧又著《通論》，有駁董仲舒、難王充、斥顔師古、證蔡邕、非《史通》等説，及《筍譜》、《物類相感志》諸書。按贊寧所著，今惟《高僧傳》、《筍譜》及《物類相感志》尚存。然《物類相感志》世人多以爲僞。一則流俗本不全，疑爲後人摭拾。一則有『東坡』二字，疑爲後人妄託。細玩全書，疏證詳明，有條不紊，似非僞書。其東坡之字或坊刻所加，以博流通。且安知非贊寧亦號東坡乎？其目録結銜稱『兩府僧統』，當是作于吴越國時，未入宋以前。贊寧爲吾浙名僧，又出渤海高氏，向藏是書係《祕笈》本，每病其不全。今從鮑氏知不足齋影摹姚氏茶夢菴舊本，裝潢成册。寒窗展閲，眼目爲之一新，因書原委于後。嘉慶十五年十二月望日，海寧陳鱣記。」

〔一〕「律」字原脱，據《文淵閣四庫全書》補。

朝埜僉載十卷 據宋本寫。

唐張鷟撰。《四庫》著録六卷，此乃十卷，未審其同異。半葉九行，行十八字。目首有「笠澤」、「曹炎之印」、「彬侯」三印。

醉翁談録八卷 鈔本。

宋從政郎新衡州録事參軍金盈之撰。阮文達公撫浙時進呈遺書，金録事《醉翁談録》是其一種。然《外集》提要所述才五卷，相傳文達裁去後三卷，蓋如《直齋書録》斥唐人《教坊記》猥褻之意。今令欽所録，固不廢也。己巳仲春，江山劉泖生氏以手録八卷相示，漫識。

静齋至正直記四卷 舊寫本。鮑氏藏。

元闕里外史行素居士著。明平陵史繼裴相之父校。知不足齋鮑以文藏書。

席上輔談二卷 舊寫本。

元俞琰玉吾著。鈔字近趙書。

桂苑筆耕集二十卷 寫本。

唐高麗崔致遠撰。致遠爲高駢淮南從事，見《唐志》。是集唐、宋《志》皆著録，宋後遂逸不傳。集中《討黄巢》一檄最爲傑出，他亦淵雅可觀。卷端題「淮南入本國兼送詔書等使前都統巡官承務郎侍御史内供奉賜紫金魚袋臣崔致遠進所著雜詩賦及表奏集二十八卷」，則其既歸國所編上。據其奏狀，則年十二入中國，又六年取進士。居中山，有詩賦等三卷。調溧水尉，有《中山覆簣集》五卷。從事高駢軍幕，有《桂苑集》二十卷，末署「中和六年」。考中和止四年，蓋其歸國後尚未聞五年三月已改元光啓也。其人自唐、宋《志》外，唯張敦頤《六朝事迹》述其乾符中尉溧水，爲詩弔雙女墳事，迄今道光以前皆未有言及者，故《全唐詩、文》並未收采。既乃有傳高麗活字本入中國者，此本蓋依以過録。而失鈔洪秩周、徐有榘二序，近乃從别本得之。其印行者有榘，傳本者秩周也。有榘稱其字海夫，號孤雲。仕幕僚後中和四年充信國使，東歸仍仕本國翰林學士、兵部侍郎、武成太守，且盛推爲彼國人文鼻祖。此集在其國亦罕見，今雖有番禺刊行，此帙固自昔所珍祕也。同治丁卯冬，邵亭眲叟。

《進狀》　右臣自年十二離家西泛。當乘桴之際，亡父誡之曰：「十年不第進士，則勿謂吾兒，吾亦不謂有兒。往矣！勤哉！無墮乃力。」臣佩服嚴訓，不敢弭忘，懸刺無遑，冀偕養志，實得人百之己千之。觀光六年，金名榜尾。此時諷詠情性，寓物名篇，曰賦曰詩，幾溢箱篋。但以童子篆刻，壯夫所慙，及忝得魚，皆爲棄物。尋以浪迹東都，筆作飯囊。遂有賦五首，詩一百首，雜詩賦三十首，共成三篇。爾後調授宣州溧水縣尉。禄厚官閑，飽食終日。仕優則學，免擲寸陰。公私所爲，有集五卷。益勵爲山之志，爰標「覆簣」之名。地號中山，遂冠其首。及罷微秩，從職淮南，蒙高侍中專委筆硯。軍書幅至，竭力抵當。四年用心，萬有餘首。然淘之汰之，十無一二。敢比披沙見寶，粗勝毁瓦畫墁，遂勒成《桂苑集》二十卷。以適當亂離，寓食戎幕。所謂饘於是粥於是，輒以「筆耕」爲目。仍以王韶之語，前事可憑。雖則傴僂言歸，有慙鳧雀。既墾既耨，用破情田。自惜微勞，冀達聖鑒。其詩、賦、表、狀等集二十八卷，隨狀奉進。謹進。中和六年正月日，前都統巡官承務郎侍御史内供奉賜紫金魚袋臣崔致遠狀奏。

鉅鹿東觀集十卷 寫本。

宋魏埜仲先撰。

河南先生文集二十七卷 寫本。

宋尹洙撰。有簽校可取。

蘇學士文集 校本。

宋蘇舜欽撰。以舊鈔本校宋犖刻本之失。

滹南遺老集四十五卷續附一卷 寫本。

金王若虚撰。文珍樓鈔藏之本。寫頗工。

滋溪文稿三十卷 寫本。

元蘇天爵伯修撰。

梧溪集七卷 寫本。

元王逢撰。行書鈔，密行，尚可。

極玄集

唐姚合纂。汲古閣舊鈔本。

金石三例

雅雨本。有評，甚佳。蓋嘉慶中長洲王惕甫芑孫手校也。目録首葉有「華亭嘯園沈氏圖書」、「沈慈之印」二印。

宋元舊本書經眼録卷三終　孫小農校字

附録卷第一　書衣筆識

易　箋

安平陳定齋先生箋易，論象數，則駁來瞿塘錯綜其象、顛倒陰陽剛柔之實之非，明辨以皙；論筮法，掛一及再扐後掛，爲前一變掛一，後二變不掛，而掛一之策不入歸奇中。三變皆以四八爲奇偶，不用九五借象，雖異朱、郭，猶有發明於經義。二條久見於《四庫提要》所稱。道光戊戌禮闈始得其書琉璃廠肆，觀其全而繹其旨，蓋病術數言《易》之支離破碎，故專就人事立説。以愚夫愚婦之知，能見天地鬼神之奥；以省身寡過之學問，揭盡性至命之微。更事燭理，觸物會象，不侈統同之理。使象爲虚器，不求穿鑿之象。使理無據依，欲學者於身心體驗之中，得涵泳從容之味。不徒句釋字解以爲工，强探力索而無當。持平蹈質，粹然儒者言矣。頗敷暢程傳、朱義，而與傳、義異者甚多。自謂如康成之箋《毛詩》，故名曰「箋」。于研《易》家，其在虚齋《蒙引》、安溪《觀彖》間乎？唯其六十四卦經文，於半簡之中横分四截，首《彖辭》，次《彖傳》，次《爻辭》，次《爻傳》，而《大象》别爲一條於後。《繫辭》上下，據《史》、《漢》引改爲《大傳》上下，非鄭非王，不今不古。其于《雜卦》謂筮人纂，便記誦，聖人存見反對之義耳。而傳寫多誤，不必協韻。以韻正末數卦者，未爲得。首《乾》、《坤》，三十卦而《咸》、《恒》。則首《乾》、《坤》宜終《坎》、《離》；首《咸》、《恒》宜終《既》、《未濟》。爲一一更正。按其次，顛倒瞀亂，非序非雜，且通篇反對。《頤》、《大過》獨不相連，莫解其故。又以《困》脱「不」字，「柔遇剛」、「剛决柔」、「君子道長，小人道憂」皆誤添入，悉增删之。改「親寡旅」爲「旅寡親」，信意武斷，不可爲訓。其酷信宋人圖書，不服王禕、歸震川、毛際可、李穆堂之辨。所申説嫌于浮游，然固不以揜其大醇也。黔中前輩説《易》，知者清平孫山甫先生《淮海易譚》，麻哈艾鳳嵓先生《易注》，及是書而三耳。《易譚》聞有行本，未之觀。《易注》未受梓。唯是書有榕門刻本，頗行于世。「維桑與梓，必恭敬止」，是之恭敬奉持，益當何如耶？

吕氏家塾讀詩記

《羣書拾補》云：「《吕氏讀詩記》明御史傅應臺氏刻於南昌。有嘉靖辛卯鄞陸釴序。從宋本出，字多從古，今其本頗不易得。世所通行者，乃神廟癸丑南都所刻本爾。余曾借得嘉靖本以相參校，始知神廟本脱去兩葉，其他亦有遺脱。卷一《詩樂》，《禮記》『天子五年一巡狩』之前脱一段；卷二十七《烝民》第六章『鄭氏曰：衮職者不敢斥王之言也，王之職有闕，能』，此下嘉靖本後印者脱去兩葉，神廟本竟無從補完。嘉靖本係每葉二十八行，行十九字，今鈔補于後」云云。「卷二十八第八葉謂神廟本下同。『自彼成康，奄有四方』下脱誤十四字，今補之」云云。「第十二葉後三行『牟大麥也』下多訛脱，今補正之」云云。友芝家藏是書後半，自卷二十一至三十二，其行款及從古字悉同盧氏所舉嘉靖本。盧氏所記缺脱，此本一一皆完好。字墨精雅，印用羅紋綿紙，舊裝古色，香撲眉宇，恐尚是嘉靖祖本也。道光癸巳買之京師，雖非完帙，已足寶貴矣。道光戊戌，復買一上半殘本，版稍大，行款亦不同。癸巳本反切及注中附注皆用單行側書，戊戌本則悉易雙行。癸巳本概用小篆古體作楷書，雖不盡精貫，亦留意小學人所爲。戊戌本則十改六、七如常書，以校盧氏所舉《詩樂》一條，即在脱中，蓋即神廟本也。癸巳本每卷有「潘雲龍印」，未詳其人。

周禮註疏

此明正德時修補宋十行本，其經補刊之葉，即錯誤無完篇。其係原刻，雖就漫漶，無誤字。通計宋刻猶存十分之四，亦可珍也。善徵在祁門收閩本《十三經》，其《周禮》乃以此本插入。因重裝抽出，與仿宋《儀禮》、《禮記》同匣，弆而記其端。同治甲子初秋，皖寓識。

禮記釋文

納蘭容若通志堂刊。有仿宋淳熙四年本《禮記釋文》在《經解》之外。卷末亦具撫州公使庫新刊注《禮記》二十卷，并《釋文》四卷，附校正人軍州官等一紙，則必並刊經注，而板毁僅存者耳。嘉慶丙寅，陽城張氏省訓堂乃並仿刊以行，於是海内經生皆欲家置，紙貴一時。邵亭嘗收其初印本，以《釋文》校容若所刊，絶無同異。既而于吴門見管洵美《釋文》卷端所記撫本異文，則大勝兩本處不少。頗怪陽城何以漫不省改。適來邗上，收一再校修本，則洵美所記善處數十悉已補改。其未改若干處，則宋本誤字，或筆迹小異非兩字者。乃知陽城刊此時，其經注據顧氏宋本，其《釋文》則直以《通志》本覆雕。卷末並云：嘉慶丙寅某月。其初印者，中行計字數，悉同《通志》。下端葉數下則留木未刻，蓋誤改亦仍之。其校修者，則計字悉經補改，留木亦補刻匠者姓名。末葉增「嘉慶二十五年庚辰宋本《釋文》再校修訖印行」一行。又《考異》末條亦經改定，距刊成時十五年矣。故此書經注當以丙寅初印爲佳，其《釋文》則庚辰校修乃善也。同治庚午夏，邵亭眲叟于維揚書局識。

春秋公羊傳註疏

此大理太和李中谿先生按閩時所刻《十三經》之本。每卷首葉第三行並署云「明御史李元陽、提學僉事江以達校刊」。世謂之閩本。明南北監、汲古閣所刊皆從以出。其初印本皆有刊校一行，此本唯序首猶存。每卷則已削去或補一木條，欲刻疏人而未刻，乃修板者爲之。其板即中谿刊，非別翻也。中谿本《公羊》第二行漢何某學，亦有木條未刻，乃待刻疏人，此乃削去。

樂　通

《樂通》三卷。明人撰，失其姓名。其上卷有「敬業堂」、「甌舫」、「稽古閣書籍記」三印，知查初白、朱竹垞皆經藏。而《經義考》不載，《明史・志》、《千頃堂書目》皆未收。同治丁卯中秋得之杭肆。其書在明代言律呂家頗爲明白，惜爛去自序及目録前半葉，人遂失考耳。

説文解字

郘亭讀本《説文》在莒升弟許。丁巳客順元，即此本伴行。數歲以來，相隨南北萬餘里。庚申十一月至懷寧之廣郵，雪中重裝。

用黟程伯旉學博鴻詔所録其師汪南士文學文臺校本，使寫官迻録於上下端。時有一、二溢于鐵橋《校議》外，資補正者。友芝昔刺取唐人及宋初人引許書異文若干卷，思彙校一本，此與《校議》並益讐勘不少。同治二年冬十月乙亥，安慶軍次覈過識後。

説文引經考二卷

山夫先生著述傳者有《别雅》、《金石存》，皆精小學，據金石以通其郵，在乾隆諸老中亦卓然足名一家。此《考》刻最遲，故《四庫》未著録，然宜與二書並重。同治甲子六月，皖成新收重裝記。

四聲篇海五音集韻

《五音類聚四聲篇海》十五卷，金真定韓孝彦允中以《玉篇》五百四十二部依三十六母次之，更取《類篇》及《龍龕手鏡》等書，增雜部三十有七，共五百七十九部。凡同母之字，各辨其四聲爲先後，每部之内又計其字畫之多少爲先後，以便檢尋。其書成于明昌、承安間。迨泰和戊辰，孝彦之子道昭改併爲四百四十四部，韓道昇爲之序。殊體、僻字，靡不悉載。道昭又因《廣韻》改其編次，爲《五音集韻》十五卷，以三十六母各分四等，排比諸字之先後，爲《韻會》所本，其增入之字則以《集韻》爲本。改二百六韻爲百六十。而併「忝」於「琰」，併「檻」於「豏」，併「儼」于「范」，併「㮇」于「豔」，併「鑑」于「陷」，併「釅」于「梵」。足證《廣韻》原本上、去聲末六韻之通爲二，與平聲、入聲不殊。又「廢」不與「代」通，「殷」、「隱」、「焮」、「迄」不與「文」、「吻」、「問」、「勿」通，尚仍《唐韻》之舊，非如《集韻》用賈昌朝請，改併十三處猶犂然可考。其等韻亦深究要渺，故《四庫》收其《韻》，而其《篇》則入《存目》中。二書唯成化十年官刊本。成化丁亥，僧文儒有合刻本，稱《篇韻類聚》其《篇海》題云「改併五音類聚四聲篇海」。其《集韻》題云「改併五音集韻」。較之他本多《五音類聚徑指目録》，餘無所增損也。向在京師收得一本，以卷帙大棄之。同治甲子夏，皖城市出文儒本，略爲檢覈，蓋全録《大廣益會玉篇》及宋重修《廣韻》而增之。《篇》、《韻》僅有張、曹二刻。明内府刻者，《韻》乃未備之本。《篇》題雖亦云「大廣益會」，而刊落者甚多。竹垞謂《廣韻》爲中涓所删，紀文達不以爲然。今觀明刻《玉篇》直是删取字韻，且非舊次，竹垞殆言《篇》而誤指《韻》也。韓氏二書雖《篇》不稱《韻》，而併依爲《篇》、《韻》校讐之一本，則亦不可廢也。

其篇中所載俗書，頗有見魏、齊石刻而他書不收者。

復古篇

十有一月上旬，訪王少山于東鄉百里。見案頭有吴稷堂先生所藏《復古篇》舊鈔本，亟借持以歸。日來得暇，乃舉而披之。與去秋所寫安邑葛氏刻本相校，而吴本奪譌特甚，蓋拙手所書，遠遜葛本。而又幸其爲拙手書，至有真字、疑字不敢妄改，頗足以是正葛本蓋數十處。葛本所有字，吴本或奪去。而葛本奪字，吴本八、九皆有。如刮下坫篆，及諸别字、非字，與躲、攔之類是也。亦有葛本寫到，吴本不誤者，如「晦，步百」及諸字注，或有先聲後形之誤，皆當從吴本也。如篆文「尾」之從到毛，「㞋」之從叉。亦皆勝於葛本。唯其敘字每篇接寫不以紐分，故其注文從字之字多出于葛本者幾百餘。此因寫書人以行足空白不容篆文，妄以閑字足之，不宜據以沾改葛本。又張氏之例，俗字皆云「别作某」，其爲此别他正者，則曰「别用某」。二本皆有作用互譌者，皆傳寫之差，可以意改也。又篆從省隸不省之字，注皆曰：「隸作某，不省。」亦有數條不省，下有俗字疑此類中，俗字後人所加，皆當删去之。今但就葛、吴兩本篆注小異同及互奪誤處，朱筆表識于旁或上下方，俟他日多暇，當更爲清迻成完本云。道光十有六年十一月廿有四日。

附釋文互注禮部韻略

此曹楝亭所刻五種之一。《四庫全書》録此種乃據常熟錢孫保家影鈔宋刻。謂前五卷與曹本同，但首無序文、條例，而末附《貢舉條式》一卷，凡五十三葉。所載上起元祐五年，下至紹興五年，凡一切增删韻字、廟諱、祧諱、書寫試卷格式，以及考校章程，無不具載。多史志之所未備，視曹本特爲精善。

續古篆韻六卷

吾子行此書《四庫》未收。儀徵相國撫浙，曾以舊鈔録進，至道光間金陵陳氏乃有此刻。子行著《周秦刻石〔二〕釋音》一卷録入《四庫》。此書所載諸篆亦以《石鼓》、《壇山》、《詛楚》及秦始《泰山》、《嶧山》

二刻，以韻編之，又不及《郎邪》、《會稽》等，而增入《比干銅盤》。其于《石鼓》音釋與舊異者，或前人音釋歧惑者，別爲第六卷曰「疑字」，蓋二書相輔而行也。同治癸亥，客皖所收，手裝記之。郘亭眲叟。

〔一〕「刻石」原誤「石刻」，據《文淵閣四庫全書》改。

史記題評〔一〕

《史記題評》一百三十卷。嘉靖十六年丁酉，太和李元陽中谿按閩所刊。亦具三家注，惟《索隱述贊》不録。而集諸家評語于書眉。其不繫名氏者，則中谿説也。其每卷題「明李元陽輯訂、高世魁校正」，亦有不題者。亦有數卷「李元陽」上增題「楊慎」名者。昇菴謫戍太和，惟中谿爲至交，此本蓋即昇菴輯本，因增益以付雕，故題云爾。明人好尚評論，是書刻有評者，蓋昉于此。後凌稚隆爲《評林》，則又因此增益。同治庚午暮春，鄂肆收此，以見一代風尚之由。郘亭長記。

四月還金陵，見肆中有《史漢異同》四册，三十五卷。亦嘉靖丁酉中谿校刊，附此書後者。其本出弋陽。汪佃謂：「舊未有刻本，在吉郡費鍾石少宰許手録者。」詳其後序中。且及中谿《題評》之刻，尋當購而合之。

〔一〕「史記題評」，原文爲「史記」，據正文内容補「題評」。

史記索隱　汲古閣仿宋刊單行本。

同治壬戌六月，皖口行營，姚聲澂士贈此本。約略檢勘，足補現行官、私諸本條以千計，而毛氏刊誤亦自不少。七月五日重裝。散標所見於卷端，時摘取中統本爲左證。三日粗粗一過，未得細讐，期以他暇日也。漫識。

南史　校本。

此校以南朝四史對覈本書，略摘異同，奪漏於上下端，頗正其疏失。《紀》首尾並有「石民」印，《傳》尾印之上有題字一行云：「壬午五月先校《南史》，十月初一日寫畢。源記。」石民，有名字而不書姓。壬午，又不知其爲乾隆、道光。其云先校《南史》，知完此後，即更以此例校《北史》。滬上獲此，已缺去卅三卷，《北史》益無從問矣。惜之！同治丙寅八月幾望，自上海泛舟入泖口至松江，草裝爲五册，記其端。

通鑑注商十八卷　涇縣趙紹祖撰。

康熙間長洲陳少章景雲著《通鑑胡注舉正》一卷，凡六十餘事，老輩亟稱其精覈。蓋本書繁重，一過已難，矧注文零瑣，乃能根勘謬誤，爲尤難也。琴士所商胡注未安乃至七百餘事，十倍少章所舉而彊。其考訂之專精，足爲胡氏諍臣，以益學者，其功尤巨云。同治初元，皖口行營新收，手裝以附本書之後。七月既望，郘亭記。

讀史兵略

此胡文忠《讀史兵略》宋、元、明三代稾本。其五代以前已刊行爲四十六卷，宋以後尚未及分卷删定而文忠没矣。前段板成時，曾在鄂撫署多桂園爲之校誤，因以此段稾相付。已閲八年，乃檢舊篋見之，謹裝附昔者校樣之後。戊辰伏中。

吴越春秋

元徐天祐注本。大德三年十一月刊。其十卷末題銜云「前文林郎國子監書庫官徐天祐音註」。考元《百官志》無國子監書庫之名。《萬姓統譜》稱「天祐登進士第」，「德祐二年以國監書庫召，不赴」云云。德祐爲宋瀛國公年號，知天祐本宋末人，入元不仕，刻《音註》時追題宋官，故云前。前者，謂前朝也。是書又有明萬曆丙戌武林馮念祖卧龍山房翻刻本，亦佳。此猶元刻，但非初印耳。

通　典

此明李仁甫巡按福建時刻本。仁甫名元陽，雲南太和人。滇之淹通所首推者。學者稱中谿先生，著述最富，升菴戍滇之畏友也。在閩所刻尚有《十三經注疏》，在明南、北監本之先，今稱閩本，校監本尤可貴，不僅杜氏書也。杜氏書每門或子類之末，輒增入宋人議論數條，不知誰何所爲。考《四庫提要》政書存目載南宋麻沙刻《通典詳節》，列引用諸儒姓氏止于吕祖謙、陳傅良、葉適三人，于八門内汰其兵制，又删去喪服之制。此本所列引用姓氏正與之同，喪禮中亦都無議論，則卷中附入蓋自宋已然矣。唯《詳節》無兵制，而此本兵第一卷尚有宋人議論數條。是議論蓋南宋人刻《通典》者附入，爲《詳節》者據而摭録。仁甫但以宋本翻雕，未及汰去，決非又據《詳節》所附增亂本書也。且所附皆卷尾低一格書，尚無大礙。壬戌中秋，郘亭記。

欽定天禄琳琅書目

《天禄琳琅書目》本十卷，此闕末一卷。同治乙丑春，友芝奉湘鄉公委訪鎮江文宗、揚州文滙兩閣《四庫全書》，經燹後，如有散存千一，宜購歸，恭貯以待重繕。夏日歷瀕江諸郡，有以宋、元舊槧若干帙來覈定者。適維揚市出此本，亟購以待鈔補。且所闕僅明板集部，關考證者，正無幾也。向讀《韓昌黎集五百家注》，許氏刊者，苦無《外集》。文淵閣《四庫總目》著録亦然。檢此帙載《五百家注韓文》凡二部，並有《外集》十卷、《别集》一卷、《韓文類譜》七卷，又附《論語筆解》十卷。今《類譜》、《筆解》皆别有刊本行世，而《外集》、《别集》之魏氏注者，竟杳焉無傳。當纂集《四庫全書》時，何以中祕舊藏獨忘檢校，所未解也。所闕第十卷，丙寅六月鈔補訖。

授經圖二十卷 萬曆二年朱氏原刊本。

此朱中尉西亭氏原本。康熙間龔蘅圃因以重刊，黄俞邰校之，頗有增訂。俞邰序謂：「其載傳注，時有闕誤，而類例亦未盡善。如古本《易》上下經、《十翼》各自爲書，王弼本始以《彖》、《象》、《文言》繫各爻辭下。《書》則伏生口授二十九篇先興于齊、魯，古文後出孔壁，先儒多疑之。舊本先後不無參錯，予與蘅圃重爲釐正。《易》則復古爲先，《書》則今文爲首。其他經傳缺軼者，復以諸史藝文志及《通志》、《通考》所載咸爲補入。而近代傳注可存者，亦間録焉。視西亭所輯，庶幾稍備矣乎！」此明刊未經校補者。《四庫》謂無刊本，以龔刊著，則未見此本也。

金石萃編補目三卷附元碑存目一卷 黄本驥撰。

咸豐庚申夏，大興劉子重銓福以長沙黄虎癡此清本相示，云以未刻本，子重在湖南時手付者。亟命録副，以存吾亡友遺書一種。五月三日畢工，因校首卷記之。是日長至，又賤子五十生日，他日此稿或因以傳也。

秦漢瓦當圖記四卷附補遺 朱楓撰。

朱排山此記，特就其在關中蒐訪所獲録之，殊不備且皆習見。唯末一事溝瓦之當有「長樂未央」字者，是昔人所未及。戊辰中伏。

養生類纂 窠菴周守忠撰。

此無總目，終二十二卷，服餌一則。服餌似尚有二、三卷。考《千頃堂書目》，宋周守忠《類纂諸家養生至寶》二十二卷，又《養生月覽》二十五卷。此當即《至寶》也。

普濟方

此《普濟方》殘本十二册。始此第六十九卷，至百十六卷止，中缺不連者猶若干卷。其卷大者百餘葉，卷小者亦三、四十葉，方書蓋未有富于此者。考宋、元醫家無此書，惟《千頃堂書目》載明周定王《普濟方》一百六十八卷，蓋即此書。《明史·藝文志》載此書僅六十八卷，則寫脱一百二字也。未見刊本。此殘鈔爲汪閬園舊藏，亦有若干類可觀覽者。同治庚午中秋金陵市出所收。草裝畢，記其首。

太玄經范注

此明江都郝梁據宋萬玉堂本傳刊者。《愛日精廬藏書志》載有此本，蓋明時佳刻也。然其一卷羨首即脱去贊之初一經注三十六字。凡傳刻古書，不依舊式，每有此病。宋本半葉八行，行十七字。圖後附説六葉，前又有司馬温公《集注序》及《説玄集事》，蓋皆刊本所無，昔藏者録以備觀。温公自有書，不應羼入此本耳。

此陽城張氏省訓堂舊藏。同治乙丑四月收于蘇肆，尚闕第二、第三兩卷。丁卯八月于杭肆獲此刻殘册，適足相補。戊辰二月攜來江蘇書局，欲以萬玉堂本校，因手裝過記之。二十一日己亥。

戊辰二月壬寅，以所假宜稼堂所收萬玉堂本校此三册，三月庚寅畢功。萬玉本足補正此本蓋千有餘字，子高傳刻亦何草草乃爾耶？亦有此本是而萬玉本誤者三、四十字，蓋所據傳刻别一宋本。前輩以爲其據萬玉本者，不足凴也。此書明末尚有黄石齋本，即用萬玉本覆刊而削去板心「萬玉堂」字，其勝此本多矣。

封氏聞見記

《封氏聞見記》寫本十卷。同治丁卯中秋杭游所收。整理散亂，僅失末卷尾半葉。後一紙記二行云：「隆慶戊辰借梁溪吳氏宋鈔本録。」知是明人舊鈔，手裝以存。是書元、明以來無刻本。至乾隆中，德州盧氏乃據虞山陸敕先所録孫伏生家本刊入《雅雨堂叢書》。孫本爲吳岫方山舊藏，録於正德戊辰，不言所出。孫氏又假秦西巖別本校勘。秦本則朱良育依唐子畏、柳大中兩本先後各鈔五卷者，有至正辛丑夏庭芝跋，蓋出于元鈔。此本據宋鈔，則又兩本外之別本。己巳開歲，書局獨居無事，乃以盧刻通校一過，其足補刻本佚脱者：第二卷石經條，首百六十三字。三卷制科條，二十三字；銓曹條，六字。四卷尊號條，二十六字；露布條，八字。五卷燒尾條，十九字；圖畫條，二十四字。外此足補正一、二字脱譌又各數十計，始知此本遠勝方山、西巖所弆。隆慶戊辰距今逾三百年，所據宋鈔斷已無存，海內決無更勝此本之帙。在郘亭子部中，直與宋本同什襲可也。晁氏《讀書志》載此書五卷，與《唐書》、《宋史》同。此及方山、西巖依宋元鈔者，乃皆十卷，殆自宋即有此析五爲十之本。晁本無傳，末從質矣。其第五卷長嘯條，刊本多二十五字。云蓋出其言善，千里應之。出其嘯善，萬靈受職。斯古之學道者哉！校注謂：「原本朱筆增入。吳方山云：『二本俱無。』」今此本已增刊本數百字而亦無之，蓋校者依他引嘯旨語記于行間者，不必定封氏書所有也。穀日燭下。右跋隆慶戊辰録宋鈔本。

以明隆慶戊辰録宋鈔本校此刊本。第二卷石經篇增出百六十三字。三卷制科增二十三字；銓曹增六字。四卷尊號增二十六字；露布增八字。五卷燒尾增十九字；圖畫增二十四字。其一、二字足補正者，又各數十處，悉于卷端行間標記，以便觀覽。此刻所據陸敕先依吴方山、秦酉巖兩本録校者，不及隆慶舊抄遠矣。封氏書雖説部雜記，其述唐代掌故多史志遺略，足充學者考鏡資糧。漁洋亟稱之，雅雨亟刊之，皆以此。儻有好事更以此校付雕，當亦王、盧所深許也。同治己巳開歲人日校完，穀日識。獨山莫友芝。右跋雅雨堂刊本。

回溪史韻

此《史韻》五册，其三册蓋影宋鈔，僅十七卷。當即竹垞跋所謂從琴川毛氏、長洲何氏所藏合之寫存，才十七卷者。又益別鈔二册六卷，合爲二十三卷，與孳經室進書提要合。然則此書之存于世僅此弱半而已。竹垞所言見于京師，嫌殘未録之七册，殆不能多也。同治丙寅九秋胥門收此，裝成記。

新編事文類聚翰墨全書

此書蓋以十干分十集，而各集門目皆互相補，無重複，亦如祝氏《類聚》。雖一時兔園册子，而宋末及元初人文字不傳者，亦得略存一二，不必盡供應俗也。諸家書目唯黄虞稷《明史·藝文志》稿有之，當亦見《千頃堂書目》。云：「劉應李《事文類聚翰墨全書》九十八卷。」注云：「字希泌，建陽人。咸淳中進士，授本邑簿。與熊禾、胡庭芳講學洪源書堂。」覈其編録之意，蓋亦宋人《翰苑新書》之類。《四庫提要》不載，則進呈未及耳。同治丙寅九秋，蘇門市中收此殘帙，僅乙、己、庚三集及戊集之末册，于全書僅三之一。以其猶是元時刻印，姑存之。書其端，示兒輩。郘亭眲叟吴江舟次。

穆天子傳注疏

檀默齋氏《穆天子傳注疏》極力開荒，爲宋于廷氏所推服，惜未肯翦去蕪衍，以成簡當耳。然滇荒窮宦，藉抒無聊之思，至精闢不磨處，故是奇作。庚午仲春，友芝搜獲於安慶肆中，漫識。

道德經唐玄宗注

此寫本，同治丁卯秋吴門所收。蓋出于《道藏》者。庚午中夏來維揚書局，以《易州石幢》唐刻校之，記其異同。寫本固多誤，亦時有可證石本處。十八日雨中燭下，郘亭。

孤忠小史

元九龍山人編。此書不知幾卷，皆道家言，如《列仙傳》之流。而書題「孤忠」，莫解所謂。己巳初冬，揚城書攤漫收，以供舟中觀覽。寫本甚舊，亦元明間物也。

楚辭集注

蔣楚穉刻朱子此書，並《辨證》、《後語》附焉，可謂足本。但不應于《後語》六卷後增入明人騷體爲七、八卷。又朱子所删之諫、懷、歎、思四篇復鈔置《辨證》之前，亦不合。若以所補後語及四篇附覽並退出别編，使不與本書相亂，即無妨矣。咸豐庚申十一月，懷寧廣邨寓館，郘亭記。

陶淵明集

陽子烈所編十卷本。咸豐辛酉嘉平皖城行營收，旌德縮刻宋本初印者。此板後多漫漶不可讀，繩宜寶之。郘亭眲叟呵凍記。毛扆《祕本書目》宋板《淵明集》注云：《桃花源記》中「聞之欣然規往」，今時本誤作「親」，謬甚。《五柳先生贊》注云：一本有「之妻」二字，按《列女傳》是其妻之言也。他如此類甚多。即《四八目》比時本多八十餘字。而通本一作云云，比時本多十餘字。按：所舉二條並與此本合，通本校語亦多于時本，然則此所據即毛氏宋本也。

汲古閣刻陽休之編本。此册非舊印，以附録卷中載有吴仁傑所編年譜，爲家藏書所無，故裝存之。壬戌六月六日，郘亭皖口行營記。右跋又一本。

元次山集 淮南黄又研旅刊本。

同治壬戌九月庚戌朔，獨山莫友芝手校畢。于十二巷外蒐得《冰泉銘》及《再讓容州表》與載本傳之《自釋》，凡三首。使繩兒别紙寫附卷尾，更留餘紙，亦待續得云。

翰苑集

世行《陸宣公奏議》本皆十二卷，無注。此獨十五卷，有注。雖文無增損，而卷帙次序小有異同。其注略具史事，亦不繁冗，當是宋、元舊帙，明嘉靖時翻刻而遺其注人。以書式皆宋樣，而東坡等所進劄子猶用當時提行格式，故知非明人注也。同治元年三月繩兒收獲重裝，書以俟考。

是歲七月既望，見昭文張氏《愛日精廬藏書志》載有《注陸宣公奏議》十五卷。云：「至正刊本，宋郎曄注。前有紹興二年曄進書表。興當作熙。題銜稱『迪功郎紹興府嵊縣主簿臣曄』，不著姓。案：《清波雜志》曰：『煇友人郎曄晦之。杭人。嘗注三蘇文及《陸宣公奏議》投進。』元吳文正公集《陸宣公奏議增注序》曰：『因郎氏舊注而加詳。』劉岳《申甲齋集》曰：『宋紹興中有郎曄嘗注《陸宣公奏議》。』以此知爲郎曄也。表後云：『紹興二年八月初七日進呈。』案：表中有云『恭惟至尊壽皇聖帝』，考淳熙十六年光宗受內禪，尊孝宗爲至尊壽皇聖帝，次年改元紹熙，則『興』爲『熙』字之誤無疑。卷一後有『至元甲午仲夏翠巖精舍重刊』木記。《脈望館書目》著録。」據此，則此本當即據元刻郎本翻雕，而失載其進書一表，愈不可了耳。當録入卷中以俟考。

孟東野集

同治丁卯秋收于武林。此嘉靖丙辰無錫秦禾知武康縣時刊本，依宋景定中天台國材知武康所刻宋敏求編定者。其聯句十首載《昌黎集》中者，敏求以其章著不録。此仍録附第十卷後，秦氏爲之也。戊辰花朝，蘇城經訓堂手裝記。

傳家集

司馬文正《傳家集》，在蘇收得，明人依宋本舊鈔。闕卷四十八至六十，凡十三卷。肆中有康熙間夏縣刻殘本，按所闕文篇目拾以補。觀夏刻與宋編卷次不合，乃付雕者妄爲改編，其刻又惡。此鈔雖多譌錯不工，然猶勝此刻。乾隆辛酉，陳文恭公爲蘇臬時亦刊此書，世稱善本，當以此舊鈔校之。

辛稼軒集 九卷。疏議、劄子、論文、啟三卷，詩一卷，詞五卷。附辛啟泰所編《年譜》一卷。

辛忠敏集久亡。此嘉慶中萬載辛敬甫綴拾殘賸爲之，計不過十一耳。唯詞集别行乃獨全，忠敏僅詞人哉？古來人物文章傳否，皆作如是觀。

偶思讀稼軒詞，適得此本，鼠蛀幾無完葉。竭半日之力揮汗整補重裝，亦幾玩物喪志矣。此本爲其族裔敬甫刊，校汲古本增多三十六闋，故是足本。壬戌天貺節，皖口記。

元遺山詩集

此影鈔明弘治戊午汝州重刻曹益甫所編二十卷本。較全集中十四卷之詩，增多八十餘首。明末毛子晉刻《元人十家詩》，其遺山一家即用曹編，大書疏行改寫上木。此之細行密字，蓋猶元式也。同治戊辰暮春，收于閶門肆中，重裝記。

明沁水李瀚叔淵弘治戊午巡按河南，四月序刻《元遺山詩》曹益甫編二十卷本于汝州，閏十一月又序刻《遺山文集》四十卷于開封。此耕釣草堂影鈔舊本，首有段稷亭氏至元庚午爲益之二子刻書引，亦載叔淵刻此書序而云附，則其據許州本或至元本未可知也。近施北研注元詩，歷舉康熙時華刻全集之誤，悉以開封本正之，並條查初白讀本之是非。以此本校之，皆一一不誤，則所據本之善可知。其于原本漫縮數處，皆摹其狀，故知爲影鈔也。其影者，至元本可寶不必言，即許州本當亦不下至元。北研不見許州本，知傳者已稀。然以中州本例之，其校刊亦非苟然矣。此影手雖未致佳，然殊不草草，細行密字。矧大資我舟車耶！戊辰四月己丑。

潛谿集 元至正刊本。

此二册皆景濂元時所作，多《宋學士全集》所不載。《四庫》著其全集，復載其未刻集二卷，爲金壇蔣超簡存者。此本中皆有之，可以互補也。邇年福建有先生諸集彙編全刻，此八卷計及五分之一耳。以舊刻收以備考。壬戌秋杪。

願學集 明鄒元標撰。

此忠介集之初定本也。今文淵閣所録即此八卷。吾家舊藏此集外，别有《存真集》若干卷，《太平山房疏草》若干卷。《四庫》皆不著録，則當采書時僅進此本故耳。南皋以謫開匀學，其著述尤服膺。同治初元皖中收此，亟裝付子弟珍藏，俟更求《存真》、《疏草》也。

學孔精舍詩鈔 明孫應鼇撰。

此二册六卷，咸豐甲寅閏七月寄到。自麻哈艾述之從其祖鳳嵓侍講手鈔本過録者，疑即《明史·藝文志》所載《學孔精舍彙稿》十六卷之末數卷也。鳳嵓録之，必見彙稿之全文。恭文在詩右，不知何以不録。今遍訪不得，殊可惜也。就卷中詩通覈之，所歷官皆備先生之詩，此當足本。惟《省志》載有《聖壽寺小集》一絶，《思南志》載有孝友堂小七古二首，爲此本所無。聖壽寺詩據《清平志》乃孫興甫作，而《省志》誤爲文恭孝友堂詩。當嫌事涉語怪，不存其稿，皆非遺脱也。二十有一日。

潘氏八世詩集

貴州家世有集者，曰越氏、楊氏、吴氏、潘氏。越至卓凡《屢非》，楊至龍友《洵美堂》，吴至滋大《敝帚》，並濟前美，稱一時一家之盛。而繼者吴氏，猶傳復旦《漱石》，餘則未之有聞。惟潘氏自朗陵《味淡軒》、士雅《瘦竹亭》，已足埒越、吴、楊諸家。而觀黔西潘生元炳所輯家集，始明萬曆迄國朝道光間，由朗陵而下凡八世，十有三家，爲詩若干卷。二百餘年風雅相續不衰。嗚呼！尤可謂極盛者矣。朗陵之祖伯瞻，惠政在滇州。伯瞻子中池，活武定冤獄。朗陵乃以文章科第起其家。安賊圍貴陽，朗陵毁家誓死保城以完。慈惠忠貞，澤流無既，宜哉！而元炳敬奉手册至八世二百餘年，罔有失墜。噫！亦可以風鄉里之爲子孫者矣。咸豐二年秋七月。

朗陵名潤民。祖維嶽字伯瞻，號抑菴。貴陽人。嘉靖丁酉舉人，知雲南永平縣，遷昆陽州，所至有惠政，卒之日，家無餘資。思聰，字子忍，一字中池，司武定府獄。府欲冤殺武定民樂應舉，力生之，樂氏祠祀累世。朗陵，萬曆癸卯解元，丁未進士，改庶吉士，官至雲南左布政使。字用霖，號朗陵，著有《味淡軒詩集》。子駲、驤。駲，字士雅，號韻人，一號純菴，崇禎己卯舉人，國朝順治末知雲南蒙自縣，著有《瘦竹亭集》、《出岫草》。驤，字子襄，崇禎中選貢，考授桂王時雲南羅次知縣，升四川崇慶知州，著《淡遠亭集》。駲子德徵，號亦韻，字道子，康熙己酉舉人，官至武定知府，著《玉樹亭集》。德徵子奕、快。奕字允大，康熙中監生，著《滇遊草》。快，字先悶，康熙壬午舉人，著《留餘堂集》。奕子文芮、文苞。文芮字右質，一字彬也，貴陽優廩生，雍正中教授黔西州翠屏山，因家焉，自號翠屏寄客，著《翠屏寄客詩文集》。文苞，字鞏也，乾隆庚午舉人，官福建鹽大使、江西朴城知縣，著《琢雲軒詩草》。以上五世並貴陽人。文芮子曉，字東白，黔西州學生，著《斷續亭集》。曉子以澂、以溶。以澂字靜川，黔西川學生，著《寧愚堂集》。以溶字巨川，又字蒼巖，大定府學生，著《思敬堂集》。以澂子桐、榑。桐字鍾嶧，監生，著《客留草》。榑字雲表，黔西州學生，著《藝蘭軒集》。祥芝附注。

魏忠節公集

右嘉善魏忠節公廓園先生自譜，及家訓、遺囑、日記、疏草、書草、詩草、雜著、四序，並天啓五年被逮途次手稿。行及良鄉，使僕飛鴻付其子學洢者。當逆奄擅權，除不附己之君子。先生又同姓乃爾，故疾之殆甚。楊、左諸君自辭家上道，即知不得生還，奔波匆遽中，堅定整暇，訓述周詳。下闕。

山水移集

右楊龍友先生《山水移集》四卷《附録》一卷。崇禎己巳七月，先生奉其父霞標參政爲天台、雁宕之遊，裒其詩文、圖畫以歸，謂之「山水移」。既而刻遊集，附以前後一、二年作，遂仍其名。集中有《立春》七律，蓋即遊台、宕年詩。其起句云「三十三年電光走」，然則此集僅先生三十後數年作也。其詩骨挺勁岸異，已有不可一世之概，未到者渾融耳。崇禎末，先生又刻《洵美堂集》，見《明詩綜》，引邢昉曰：「洵美詩，紆徐以導遠，篤摯以達情。」史元曰：「洵美詩沉澹淵遠，有正始之音。」杜濬有《懷龍友諸君詩》云：「黔蜀波瀾老。」所論皆與此集不契，知後此所造，必更有深焉者。屢訪未得其本。先生值遺明殘局，猶螳臂揹撐，妄思恢復，膏斧鉞而不回。其志節侹侹，至今有生氣。詩文流傳，正因人重。《洵美集》既不可見，而此《山水移》舊册又曆千百刼，僅存於塵堆鼠窟中。而乃今出之，若有陰爲呵護然者，亦愈足珍惜矣。集以詩百三十九首爲一卷，《赤城山賦》並張琎《賦序》爲一卷，《台宕日記》及《江行十二畫記》爲一卷，《腐候傳》爲一卷，附録諸社長送游贈言一卷，則夏允彝送行詩序及陳則梁、宋存楠、張堯翼、張明弼、繆時英、陳元綸、宋珏七人送行詩，而雜以陳煒、支如增兩序，朱隗、朗道人顥、蔡如蘅、臧煦如四人詩，沈鉉、賀懋修二人跋，皆爲集題者。又有陳煒答詩五首，錢旃、魏學濂題畫詩，潘一桂畫贊，周祚新、張澤、季肇亨、錢棻、秦懋德、何白六人畫跋，凡二十五人之作。首載其舅越其杰，其師鄒嘉生兩序，并其杰四詩。而又以董其昌、陳繼儒、倪元璐、李日華、譚貞默五人題畫册引，范允臨題畫詩，李思聰送游詩，謝上選題集詩，並雜置卷端，以張結納之盛。杜濬有云：「昔年龍友請余爲其季子作傳，肅衣冠，以五十金潤筆。而茅止生來索，觀余文猶嗤曰：『龍友小樣，不知文章痛癢！』」止生之譏，殆緣此類。然今去先生二百餘年，不惟籍見一時交遊，而謝文若、周又新、蔡湘渚皆黔竹文人，著作盡逸，越自興雖有詩而文亦未見，並得留吉光片羽，所補爲不少矣。咸豐壬子黎柏容學博從定番張氏假得相示，亟録副，待好事傳之，因書其後。

漁洋山人精華録

林佶吉人手寫當時名集付梓者三：《午亭集》、《堯峯文鈔》及此録也。三家詩文豈必以佶書重？而佶書精印本尤世所珍弆，小伎顧可忽哉！壬戌夏四月，善徵弟收于祁門，攜至安慶，增衣草裝，書示繩兒。

蓮洋詩選

蓮洋詩佳處正似南田寫生，于古來能事外，自透出一種天趣，愈覺鮮秀撲人。其出之自然，尚有漁洋所不及處，無怪其亟詫得髓也。使學更能稱才，太白、東坡一間耳，又安來藏園、卷葹之不滿哉！庭弟學詩稍腐氣，計唯中條華妙，對證而易服，爲檢出若干首。五言據三之二，猶不能盡其勝。七言二之一，幾不能及。始欲更去《昌化寺觀吴偉畫壁》、《陟領赴潭柘寺》等數篇，則愈寥寥，故亦過存焉。蓋先生五言有深功，七言徒信才耳。前輩云：「天姿國色，粗服亂頭，亦好。」又謂：「動用佛典，是其一短。」皆是定評，不可不知也。道光乙巳正月六日。

河岳英靈集

篇中宋諱或避或不避，惟廓字，寧宗嫌名，數見皆闕筆，蓋寧宗時刻也。丙寅冬初，邵亭校讀一過。

宋文鑑

此選固不如《唐文粹》之善，而北宋諸名家當行文字，亦庶幾備矣。頗有本集不存猶籍考見一二者，有本集存而集外可補一二者，甚有資於文苑。此明晉藩翻宋刻本，亦尚不惡，惜缺去四十餘卷。幸所存猶過三之二，已多平昔未見之篇，故聊收之。壬戌初春，皖口行營。

皇元風雅 前集六卷，傅習采集，孫存吾編類，虞集校選。後集六卷，孫存吾編，虞集校選。

《皇元風雅》前、後集是據元刊本舊鈔。蓋汪閬源氏壬元之一也。《四庫全書提要》載此集前、後各十二卷，前集百十四家，後集百六十六家。此本家數大略相等，而卷數各減半，殆與文淵閣著録本無大不同，特卷帙有合併耳。同治丙寅中秋，收于雲間肆中。初冬還金陵，芙衣爲裝過。記其端。

初白庵詩評 附許蒿廬《詞綜偶評》一卷。

近日子弟爲詩文苦不得門徑者，或取老輩點勘過大家集子及子、史，令其迻鈔，每有悟入處。此等事不關根柢，通人所嗤。然以啟發中材，爲益不細。皖口行營偶收此評本，老來無暇觀覽，付兒輩存之，亦備迻鈔一助也。

唐五代詞

此集以《花間集》爲底本，而附益之其在《花間》外者，太白及南唐中主、後主，皆引令之極軌。其卷十又備録馮正中《陽春集》。溯詞之源，觀此已足。

附録卷第一終　孫小農校字

附録卷第二　金石筆識

秦之罘刻石摹本

《繹山》、《會稽》兩秦刻再三傳本，何首尾完具乃尔。蓋即徐鉉、申屠駒意爲補綴，故與現存《郎邪》、《泰山》字皆不類。此嚴銕橋先生意摹《之罘》廿一字，乃去真秦刻不遠。何徐、申屠之足言哉！同治丙寅六月，自金陵來滬上訪遺書，戴禮庭以陳嗜梅翁藏卷相視，因記。

秦泰山刻石摹本

以好古拓鉤摹，下真迹一等者，與鉤摹剥蝕古帖，下真迹二等者，皆上上妙手。《泰山》秦刻廿九字，乾隆初碧霞廟火，拾出碎存于玉池中者，僅「斯臣去疾」一行四字，及「昧死臣請矣臣」三行六字兩小石。其拓本流傳猶如快劍斷生蛟鼉，決非後來所能仿佛。此銕橋先手迹，乃能僅下真迹二等。以視阮、孫諸刻，直孱茶無生氣。始知此老精詣，突過一時能事也。嗜梅翁鑒真好古，又挾之出劫火中以存，可謂得所矣。同治丙寅六月中伏，避暑上海也是園，獲觀識。

漢廌孝禹碑

此拓同治九年冬潘伯寅少農所寄，謂肥城新出者。左方刻隸書一行云：「同治庚午，某某訪得此碑于平邑。肥城、平陰壤接，蓋獲諸平陰境，移肥城爾。」碑僅二行，一行八字，云「河平三年八月丁亥」；二行七字，云「平倉庣里廌孝禹。」《漢書・成帝紀》：是年八月乙卯晦。則丁亥爲二日。「平倉」即「平陰」，假古文「霒」之「侌」，而筆迹小異。「庣里」即「廣里」、「光里」之别體，諸字書所未收。平陰、廣里本齊邑里名。平陰至隋始爲縣，漢爲濟北王國之盧縣地，與肥城同隸泰山郡。《續漢・郡國志》云：「濟北國，盧有平陰城，有防門，有光里，有長城至東海。」即《左氏・襄十八年傳》所謂晉同伐齊，齊侯禦之平陰塹防門而守之廣里者。齊人言「廣」音與「光」同，故或稱「光」，「庣」之讀蓋如「光」矣。《方輿紀要》引平陰故城志云：在縣西[二]北三十五里。齊平陰邑也。京相璠曰：平陰在盧縣故城南十里，蓋即今縣地。又曰：平陰城南有防，防有門，于門外作塹，横行廣一里。又曰：防即長城。平陰南有故長城，東至海，西至濟河。防門去平陰三里，防門之北有光里，今其地亦名廣里云。左氏所言廣里，本謂齊之塹防廣一里，後來遂以廣爲里名。又或稱光，與此之别爲庣，寔一地也。廌姓，姓書所逸，唯時見于漢刻。《韓敕碑》有「故涿郡太守魯廌次公」、「故樂安相魯廌季公。」曲阜魯王墓前石人胸字有「樂安太守廌君亭長上之」。則《史記》載「將卒攻卷」之廌公，與蒙驁、王齮同爲將軍，見《秦始皇本紀》。是廌姓漢前已有之，特漢以後未聞耳。而應劭漫謂：「廌，秦邑。」《索隱》遂謂：「廌邑公，史失其姓名。」《正義》又謂：「秦之縣邑大夫稱公，若楚制。」皆無的據，承應氏而失之也。此之孝禹不書爵位，自是處士。又但記歲月、鄉里，不言碑所施，疑亦墓石、壙壇、神座之類。乃並漢故表、碣等文無之，古人簡質，蓋可概見。今存漢石，自西京者希矣。曲阜之魯孝王刻石，及揚州淮南厲王墓之中殿第廿等小石，並此三耳。結字蕭散天真，筆意渾勁，兼分篆亦與中殿相似。郘亭眲叟識于淮南南書局。

〔一〕「西」當作「東」。

漢夏承碑

漢碑至《夏承》，上引篆、籀，下通隸、楷，書家精能至斯，極矣！魏曹真一石乃遥與助其波瀾。雖雄厚少遜，而後來引篆、籀，美隸、楷名家，殆未有不自滋出者。積雨初霽，木筆盛開，展對鄭堂此卷，百過不厭。同治己巳仲春望日。

漢三公山碑

此碑是隸非篆，不得與《崇高太室》、《開母廟闕》同科。誠如覃谿之説，其釋文小松爲善，故命繩兒依録。惟八行「閻祐」是「祐」非「祫」，甚明，故不從耳。辛未初夏。

漢光禄勳劉曜殘碑

在山東東平州。同治庚午六月，新出于州之蘆泉山陽。閏月景鑑泉閣學經邗上贈郘亭。其所歷，郎中、謁者、太官令、朱爵司馬、居延都尉、議郎、河内太守、長水校尉、宗正、尉衛、光禄勳，故《隸釋》題「光禄勳劉曜殘碑」。無鹽乃其里縣。見額新跋云「無鹽太守」，失之矣。

漢人銘墓以郡邑題其首者，惟見此一碑。

漢曹全碑

此舍弟善徵祁門所收。「乾」字左端直未穿，尚是舊拓，惜紙墨不精，且無碑陰。此碑陰字尤自然可愛也。同治丙寅春重貼過，留餘紙以待。伏日寓上海城中也是園，酷暑無可逃，假書肆《景完碑》陰録一過。「⿰土叟」字字書所無，《玉篇》土部有「⿰土叟」，同「廄」。精姓僅見。

漢伏生授經圖

此石道光二十五年四月，日照許印林瀚獲于沂州府治西北古北大寺西廢圃中，移置琅邪書院。同治四年十一月，訪丁儉卿丈于淮安，留晚飯。印林之子逢吉適持此石拓三紙贈丁丈，遂乞一以歸邵亭。是日辛未頤志齋中。

新莽始建國鏡

德清戴子高文學示《始建國鏡》拓本。徑莽尺七寸二分彊。篆銘五十一字，云：「唯始建國二年，新家尊詔書敦下，大多恩。賈人事禾，蓋利省字。□貳□，蓋丁字。丁貳，子高以爲子勛。甾蓋甾字。田，更作□疑符字。應治百官。五穀孰，天下安。有知之凷，蓋士字。得蒙恩，宜官敹，葆子孫。」中〔二〕層七乳間七文，復兩有「子孫」字，餘三文若鉤藤糾結，殆非字也。子高謂此鏡祥符周星詒季貺所藏。季貺咸豐庚申歲就官福建同知，收于福州采銅局，失手墜碎爲二，命工銀鑲合之。子高同治癸亥之福州，手拓此本，篆書帶隸，殊不如尔時官家泉布之工。然亦與元初《三公山碑》、延光《太室石闕後銘》筆勢相類。雖鑄人刻劃，古意固未泯也。漢鏡有紀年者，翁覃谿《金石記》載元壽元年、永康元年二事，並此而三耳。丁卯開歲九日。

〔一〕此銘原本五十一字，此只有五十字，致句意不明。

吴禹陵窆石題字

此據王少隺先生藏劉燕庭熙〔一〕海舊拓寫。其前似有字四行，爲宋紹興時從事郎題詩所磨。後有字一行又爲會稽令題名所磨，其上隱約有二字，其下當有幾字不可知。張氏每行十六字之說，不足據也。其有大字處，高廣如杜記王石。上二字疑是「梅梁」，又疑「無梁」。

〔一〕「熙」當作「喜」。

晉周孝侯碑

《百三家集》元校云：「此碑據舊集鈔之，中多訛謬，文理不接。且孝侯既戰没，而云『舊疾增加，奄捐館舍』，尤可笑也。」考《常州志》，此碑尚藏于廟，而所載亦是如此。當是古碑殘滅，後人取斷簡以意補湊之，用勒于石，遂沿以爲真耳。尚須博考。

宋爨龍顔碑 大明二年。

劉宋碑版，金石家皆未之及。今唯傳仕德此石耳。後晉《爨寶子》一石五十四年，在雲南陸涼州。

梁建陵闕

此梁武帝父順之陵闕也。其正刻一石見歐陽《集古録》，而誤屬宋文帝，王象之已爲舉正。宋以後遂逸。此反刻一石，同治八年春友芝始並訪獲，猶逸正刻「太祖皇」三字，婁楊葆光乃蒐出合之。九年秋九月辛卯題記。

梁安成康王蕭秀東碑

宋張敦頤《六朝事迹》謂：秀墓碑二，其一已磨滅。即此碑也，今審其額，猶可識，拓備一種。額下有穿，穿下乃刻文，猶存漢、晉來碑制。其《西碑》及《始興碑》亦然。

梁安成康王蕭秀西碑

距東碑七八丈許，東西相鄉。《六朝事迹》謂：「其一字畫猶可讀，乃彭城劉孝綽文。」又云：「是貝義淵書，在清風鄉甘家巷。」即是碑也。今巷仍舊名，在江南會城太平門東北二十七里。碑文已剥漫無一字，唯額略可識。其陰刻人名約千有三百餘人，存剥相半。猶可尋南朝小楷法度，勝抱宋以來集帖虚慕晉人也。中最奇者，「蕥」，蓋姓，《姓苑》、《字書》所未見。史稱秀薨，佐吏夏侯亶等表請立墓碑，詔許之。當世高才遊王門者，王僧儒、陸倕、劉孝綽、裴子野各製其文，欲擇而用之，咸稱實録，遂四碑並建。

今二碑南側立二石柱，一亡一剥。二柱之南，二龜趺亦東西向。又南二石獸，四碑之迹，猶可仿佛。而二宋前已毁二碑，僅存空石四，文竟無一存，可慨也。秀，武帝異母弟，建碑必待請報可者。《隨書·禮儀志》：天監六年，明葬志〔一〕。凡墓不得造石人獸碑，唯聽作石柱，記名位而已。秀以天監十七年薨，在明葬志〔二〕後故耳。

〔一〕〔二〕「志」皆當作「制」。

梁始興忠武王蕭憺碑

在安成碑西一里。《六朝事迹》所謂徐勉造，貝義淵書，在清風鄉黄城邨者也。最古即《梁書·邵陵王傳》，載將軍趙伯超議征侯景所不宜從之黄城大道。今黄城之名，唯六七十叟猶記之，問少壯者皆茫然。碑文漫剥三之一，撰書人在碑末，尚未損。其清朗處，校北魏諸刻格韻相等，而差朗潤。蓋南北大同小異處。上承鍾、王，下開歐、薛，皆在此碑。其漫剥處，細審，亦能得十二三。以較王蘭泉氏《金石萃編》所録，可多識千許字。如第一行：「公諱憺，字僧達。南徐州蘭陵郡蘭陵縣都鄉中都里人。」凡廿一字。次行提行云：「太祖文皇帝之少子，今上之季弟也。」即《萃編》所未録。碑陰未經磨厲，審無刻字。碑西向，南側又直東石獸，蓋其東碑。其西適有龜趺東向，南側直西石獸，其有西碑無疑。凡應刻碑陰者，當具其中，亡在宋以前矣。蘭泉《萃編》乃指安成西碑陰爲此碑陰，疏誤之甚。

附釋文 識而未確者加方圍。

公諱憺，字僧達。南徐州蘭陵郡蘭陵縣都鄉中都里人。太祖文皇帝之少子，今上之季弟也。派維命氏，含光華滋。累代尚聖於□□，丕基於王業。苞河海而爲浚，指雒閬而同陰。天乙降玄鳥以居亳，微子駕白馬而君宋。爰初啓姓，是惟建國。文終德冠羣后，少傅儒雅一時。積葉寔系，會昌自昔。太祖嘉猷貽謀，奇計命世。德惟時並，名與功偕。齊祚之初，佐成大議。道書天府，勛紀太常。仁義爲基，厥後斯大。爰集寶命，興我皇家。盛德之風，於斯乎在。公稟五緯之純嘏，資三才之聲靈。踐高明之盛儀，體淳壹之弘道。俶儻英邁，風儀澄遠。聲爲律吕，言成典誥。嬉齓之歲，早有令德。弁角之辰，夙懷聰敏。率由孝友，因心敬讓。時年數歲，所生吴太妃有疾，公衣不解帶，累日絶食。迨乎執喪，毁瘠過禮，慕兼樂正，哀甚顔含。幼與羣伴閑居，忽爾雷震，羣者駭散，惟公獨否。既聞民爹之歌，弥見台輔之量。故典戈負砮，□□功倍。諮經問道，匪扶自直。室邇人遐，則應之千里。始登冠禮，成膺府命。參西中郎，脩伍法曹。俄遷外兵，優遊戎佐，談詠而已。齊德將昏，人離衆散。聖皇乘時撫運，念拯生民。龍驤漢水，虎據南徐。公與第八兄南平王偉，知□□所歸，辭職待從。覩風雲之會，乘天地之符。衆猶熊熊，將如貔虎。五臣十亂之旅，四七二八之雄，縱横上略，紛紜決勇。公參贊神謨，夙興帷幄，功均屯壘。南康王攝西朝，制命荆陝，以公爲冠軍將軍、西中郎諮議，相國從事中郎，俄遷給事黄門侍郎。霸王振興，連旌西土。義師雷動，龔行天討。公與南平王留守雍部。于時四海宅心，八百胥會，人神協契，莫不率從。

而廉惡之朋，弗識天命。先迷未晤，後服猶昏。寔繁有徒，梗我王略。公弼諧州事，鎮撫關河。肅奉成規，事等蕭寇。出屯西壘，影嚮南平、梁州。齊興太守顔僧都、魏興太守裴師仁阻絶城郭，衆踰一万，謀摭漢北，將至城下。公毗贊訏謨，盡其晨夜。遣繕精鋭，先據始平。要擊多殺，二賊烏竄。及蕭璝、魯休烈來寇上明，姦回猶騁，豕突方縱。又鎮軍將軍蕭穎胄佐命西朝，政教攸在。一朝徂殞，内外恇然。以公式遏有方，朝野茲寄，爰下璽策，徵公入輔。聞命選徒裹糧，遄邁紀郢。魯識其疆域，會諸建□乃水譪和帝。仍除侍中右將軍，行荆州事。公運以英規，罪人斯得。七州底定，百揆時敘。大蕃興後來之歌，皇輿無反顧之慮。和帝西下，以公爲使持節都督荆湘益寧南北秦六州諸軍事平西將軍行荆州刺史。于此時，帝將與賢，昌我侯國。承天革命，磐石斯建，維城大啓。公勳兼望奭，親惟魯、衛。帝曰欽哉，胎字南服。天監元年四月，封始興郡王，食邑二千户。江漢之紀，寔惟南國。形勝之要，作鎮西楚。苞含蠻蜒，控接巴巫。分陝之寄，民望攸隆。惟厶誼蔦天倫，相維締業。總督之任，寔曰允諧。詔使持節都督荆湘益寧南北秦六州諸軍事安西將軍荆州刺史。公褰襜以化梨氓，張袖以納夷狄。先之以德惠，後之以威刑。廣田省役，階無滯訟，應接如神，趍名弗懈。益部諸將李奉伯倚劉季連寇亂岷峨，攖城固守。公折簡以示禍福，無俟兵革之勞。成都乂安，公之力也。事間務隟，常集賓僚，訪問政道，談述詩賦。親屈車騎，軾隱者之廬。虚己降尊，延白屋之士。給醫藥以拯疾病，建惠臺以救乏絶。齊相之樂交食客，晉卿之脯糒翳桑。以古方今，豈能及此？振仁風乎夢水，被茂澤於楚山，尋加鼓吹一部。六年，沮漳瀑水，汎濫原隰。

南岸邑居，頻年爲患。老弱遑遽，將至沈溺。公匪憚澥沐，躬自臨視。忘垂堂之貴，親版築之勞。吏民憂恐，趍進益急。見辟危力竭，拏葉捉城，購以俸金，所獲甚衆。洪波無驚，舉境歎服。德之攸盛，皆曰神明。四郡所漂，賑以私粟。鬕眉綰髮，莫不歌頌。是歲，嘉禾一莖九穗，生於邴洲，甘露降于府桐樹，唐叔之美，事符兹日。並欲奏聞，謙讓弗許。七年，丁慈母陳太妃憂，水漿不入口六日。毁瘠三年，扶而後起。中旨慰喻，以大軍之後，宜盡綏輯。頻表自陳，反哀苦次。服制有闋，毁痛逾常。羊祜不堪展履，荀顗面不可識。哀瘠在㠯，憂未忘也。其年十二月，以奉徵還朝，改授平北將軍、護軍將軍，領石頭戍事。又詔都督北討衆軍。八年，詔授中書令中衛將軍續領衛尉卿。公趍事紫渥，兼摠關柝。絲綸惟序，衿帶以清。八屯斯謐，千廬無警。其年秋，更授使持節散騎常侍都督南北兖北徐青冀五州諸軍事鎮北將軍南兖州刺史。以太妃憂服未闋，固辭鼓吹。北招起督南兖揚，竟刑繁訟擾，舊曰難治。公登車攬轡，懷遠能邇。貝錦在路，不盜竊於逵中，桃李乘陰，不潛掇於樾下。李珣率由清約，馬融雅好人倫，等諸今者，弗能及也。離碑王壘，井絡金城。乘傳述戎，首車具選。九年正月，遷使持節散騎常侍都督益寧梁南北秦沙七州諸軍事鎮西將軍益州刺史。西通渭淌，北指秦川。鳥鼠河沙之酋，龜兹隴右之長，㞒奂方族，塞馬千羣，趍庭恐後。魏攻巴南安，太守垣季珪堅壁拒守南安。將校挺竄三巴，百縣狼顧影伺。公命旅授師，算無遺榮〔二〕。載途匪日，凶鋒折道。遐邇具瞻，夜户不閉。問子真於谷口，祭仲元於圭畿。表君平之舊廬，軾長卿之故館。停驂詢俗，揖客諏經，聿脩復漢。講堂禮殿，誕於成都。紹文翁之教，習飲射之儀。命王沖子廣信侯映降爲諸生，率先胄子執經受業。適道爲羣，長幼移趍。相觀競好，信達多人。不師古道，則業夫笑之。十四年，更授使持節散騎常侍都督荆湘雍益梁寧南北秦八州諸軍事鎮右將軍荆州刺史。同郭伋之再至，等黄霸之重來。下車之日，舉賢彈枉。都邑安寧，川域無反。有以公指麾□□□不言□□□爲典容其短。仰公慈哲，莫不改過。開立序校，肆習生徒。採玉荆山，求□赤水。赴我計車，識道八九，顧視□囿十五乎？賔或諱□中之寧部，乞師衛行□□□薦。公檢蜀衆精勇者，授之故將。不廢荒部，斯道乃清。□會□於益□。十七年，第七兄司空安成康王薨。公同胞異體，彌深友愛。奉問驚慟，絶□復蘇。珠散綄流，解投弗垂。累月積時，涕洟勿輟。十八年，徵授侍中、中撫將軍、□□□同三司、領軍將軍。明良哉於壹德，羣僚仰乎碩輔。仁人周親，於斯爲盛。匹色立朝，棼而彌序。貴而思降，夙夜匪懈，吐握無怠。弘濟於艱難，宣力於治忽。方誕講五戎，重司九伐。將領脩法，介服亭立。乃爲之三令五申，識日設□□□朴表糹掌景司待景□道絶趍拜，亦不以廢禮有譏。普通三年十一月八日薨於位。爰初遘疾，至大漸。輿駕驟幸，有廢寢膳。公慮貶神和，辭不稱劇。逮乎反席，湛然無撓。上震悼，遣侍中□□護喪事，惟宜不貸。追葬，詔曰：「故侍中、中撫將軍、開府儀同三司、領軍將軍始興郡王憺，茂脩於同氣，治績於相庭。輝光庶務，翼佐運始。勳隆陜服，契闊屯夷，劭勞蕃寄。自内掌戎司，嘉猷彌著，方正位論道，弘贊袞闕。奄焉喪次，朕用傷悼于厥心，飭終加等，寔惟首誥。宜佇靈車，以申追誥。可贈侍中、司徒、驃騎將軍，餘如故。」給班劍卅人，羽葆鼓吹一部，謚曰「忠武王」，禮也。惟公栖心衡泌，則繕性虛寂。枕戈授律，則勳隆協贊。孝敬盡於君親，仁義行乎鄉黨。孜孜爲善，温温克讓。機神妙極，斧藻英華。□□□□□□政存勿擾，治貴無爲。績著荆蠻，化行江漢。刃宣其利，謦獻其朗。推賢下士，降尊就卑。無棄賤貧，所珍儒雅。鹽梅鼎實，舟楫大川。信列辟之羽儀，庶僚之准的者也。加以深信大道，妙識若空。味絶滋腴，身離煩渴。□□□□□□□用能使山世鑽仰，道俗影附。功高宇宙，譽穆惇史。自駞〔三〕印潛光，鹿拵將駕。吏民哀慟，褭經成林。瞻大山而彌悲，仰棟宇而興慕。諒己鏤金雕玉，昭像鳳墀，飾碧繪丹，圖形驎閣。戎狄思耿，胡羌悲鄧。告哀墮淚，不□□□□□□□□□故吏羅玄昭等，煙霞絶阻，川路悠長。不及卜遠之晨，罔逮易名之請。灑泣無寄，銜恨莫伸。謹遵前議，刊□立碑。髣髴令德，依俙神儀。傳世代而莫朽，等山岳而無虧。其辭曰：日月貞明，川岫澄清。□□奉職，毗世作楨。於鑠忠武，體二於情。義均爽旦，道藹間平。棟梁是則，羽翼人英。木運告圮，彝倫殄覆。我□□□□□□□□□□□水，虎嘯樊谷。關河之寄，允歸親睦。若恂係兵，猶何轉轂。締搆寶曆，山河萬寓。雲雷利建，□此南土。比漢於梁，方周於魯。擁旄推轂，出蕃入輔。車服以庸，旗章有序。六條設教，八命胥彰。再臨七澤，傍□□□□□□□□□□□□深彭泗，恩浹樊襄。有來斯穆，無思不康。弘闡聖化，休我烈光。文武兼姿，出內均美。式茲□□，肅雍中壘。儀形三事，飛騰九軌。緝是謳歌，明兹獄市。方趍上鉉，爕理陰陽。倍觀〔三〕鑾日觀，侍蹕隴鄉。遐□[嚮][化]□□□□□[公][後]□此台光。報施爲虚，福仁遂爽。瓌樹云落，人倫安放？罷市四蕃，行號十壤。吏民摧慕，賓御□惘。山海安託，蜱佩空想。如鄭喪僑，由晉亡嚮。西光曖曖，東川瀁瀁。時謝深恩，年流德廣。式雕玄〔四〕永寄希仰。侍中、尚書右僕射、宣惠將軍東海徐勉造。前正員將軍吴郡張法明監作。吴興貝義淵書。□□□□丹揚[房]賢明刻字。防閤吴興郜元□石。

文二千八百四十許字，全剥闕者八十餘字。蘭泉録者一千三百六十許字，今增繹出千有二百二十字，正蘭泉誤釋十六字。其識而未確及漫不可識者，僅百八十許字。第五行雷震不驚事史未載。第十行除侍中將軍，史不載。第十一行「食邑二千户」，「二」史作「三」。第十七行「中衛」，《梁書・傳》誤作「中軍」，《本紀》四月仍作「衛」，八月又誤「軍」。第十九行「離碓」，《史記・河渠》「離碓」，《漢書・溝洫》「離崔」。「七州」，史作「六州」。《鄱陽王恢傳》：十三年，都督益寧南北秦沙七州諸軍事益州刺史。乃止五州，疑其遺南、北梁也。其前爲荊州刺史，都督之九州，則多荊、湘、南北梁也。第廿一行「業夫」當猶「僕夫」。第廿二行「八州」，史作「七州」。「雍」下似「益」，史作「南梁」，史無「益」，故云七州。第卅五行「玄」下刻時遺一字，未注補。

〔二〕「榮」當作「策」。

〔二〕「駒」當作「鮑」。

〔三〕「觀」系衍字。

〔四〕「玄」下疑有脱字。

梁吴平忠侯蕭景神道石柱題額

在始興碑西南三里，亦見《六朝事迹》，所謂花林之北石柱一。又謂神道在清風鄉，花林郙者也。花林之名，今猶存。其文反刻順讀。其柱南直西石獸，其東獸亦存，而東柱亡久矣。安成西碑南側亦有石柱，其額剥爛不可搨。其前二行，以碑額推之，當是「梁故散騎常侍」。今唯「故散」二字略可識，亦反刻順讀，差足爲此柱額比例。惜兩東柱並亡，末由臆測其對此反刻者云何耳。

梁臨川惠王蕭宏神道二石柱題額

在上元北鄉張庫郙。去安成碑南可十里，距朝陽、太平兩門各二十餘里。自《六朝事迹》著録後，元、明迄今金石家皆未之及。同治戊辰八月，訪吴平石柱花林。一郙叟漫言張庫兩石柱，正與此相似，尤高大，亦梁武帝墳也。郙人指秀、憺、景諸碑柱，皆謂梁武帝墳。因冒雨亟尋獲之。其東柱順讀始右，西柱逆讀始左，又與《安成》、《吴平》兩反刻不同。字畫精美，絶似《瘞鶴銘》，疑上皇山樵一手書也。兩「楊州牧」，「楊」字並从木，王懷祖氏《讀書雜志》歷引《史》、《漢》碑版，以證「楊州」字隋以前从木，唐人誤从手。得此二石，又增一確證。

梁南康簡王蕭績神道二石柱題額

《梁書》：南康簡王績，高祖第四子也。普通五年加護軍將軍。大通三年薨于任，贈侍中中軍將軍開府儀同三司。《金陵新志》：南康簡王墓在句容西北二十五里。同治己巳，甘泉張肇岑訪獲于句容之侯家邊。

梁建安敏侯蕭正立石柱二

《六朝事迹》謂墓在淳化鎮西，宋野石柱塘，去城三十五里。又謂神道在鳳城鄉者也。

梁新渝寬侯蕭暎西闕

在句容。以諸闕例之，「侯」下只應有一「之」字，而此有三字空。審石上，乃似無字者。

梁瘞鶴銘

同治戊辰江中又出小石一片，有「也迺石旌」四字，作二行。位之高卑與此下一石同。「迺」下猶有大半字影，而「石」上猶有餘石，可容二字。計「迺」上餘石亦當有半字，而並若無字者然，何也？

宋重刻在西崖上者，存上半段，如鈎畫者。然其下端略齊，「逸」、「王」、「耶」、「經」各得少半字，「冥」、「右」、「銘」各得大半字。「扃」下是「右」非「左」，則下「右割」當爲「左割」。「隱」字及其下半字不可識。可增今五石本廿六字，重十八字。

魏孝文帝吊比干文

嘉、道以來相習尚元魏人碑版。此石朝廷著作，書手尤極一時能事，其精誼當冠一代。老輩以元祐重刻，不甚重之，非鑒之真者。每經比干廟，此石獨精采動人，徘徊不忍舍去。咸豐庚申初秋，手拓此紙。辛酉初夏，乃翦貼于湖北撫署多桂園，書示繩兒。

魏慧成爲父始平公造像〔一〕

《授堂金石跋》引《隋書》謂：元孝矩，祖修義，父子均。孝矩西魏時襲爵始平縣公。此記或子均爲修義所建。蓋以既有元氏師僧、父母附會。蘭泉《萃編》已辨證其不合，謂：「始平公或別一人。」良然。據《記》云：「比丘慧成，父使持節光□大夫洛州刺史始平公奄焉薨放。」又云：「遂爲忘〔二〕父造石像。」則始平公者，慧成父也。慧成不知何人，故始平公亦不可考。《記》以太和十二年九月訖，朱義章書，孟達文。自漢以來碑版存于今，有書人名者，始建和元年書《武班》之嚴祺伯魯，次即建寧四年書《西狹頌》之仇靖，漢德五年書《郙閣頌》之仇紼子長，次即太和七年書《孫秋孫〔三〕等造像記》之蕭顯慶，次即義章。降而王遠書《石門頌》，五實書《石窟碑》，陶弘景書《許長史舊館壇碑》，貝義淵書《忠武王蕭憺碑》，五長儒書《李仲琁修孔子廟碑》，則此風大開矣。太和上距曹魏黃初二百四五十年，義章作書，猶元常典，則宜得以名顯也。碑頌〔四〕記文及界行並凸文，異他刻，而氣韻生動，倍見精采。咸豐五年正月三日。

元氏崇信桑門，史至〔五〕特作《釋老志》。自孝文遷洛陽，終東、西魏，其造像碑銘在洛陽，今見者大小幾五百石，亦不勝紀録矣。慧成一石刻寫精異，時代又首諸碑，所以寶貴。正月六日又書。

《十六國春秋》：夏勝光三年，魏有平西將軍始平公隗歸。先此五十七年。

〔一〕《始平公造像》據正文當作《始平公造像記》。

〔二〕「忘」，原石拓片作「亡」。

〔三〕「孫」當作「生」。

〔四〕「頌」疑爲「額」之訛。

〔五〕「至」當作「志」。

魏楊大眼造像碑〔一〕

《楊大眼爲孝文造像碑》無年月。《魏書》本傳：世宗初，裴叔業以壽春内附，大眼、奚康生等率衆先入，以功封安成縣開國子。《北史》同。碑云：「南穢既澄，震㣿即振旅。歸闕。」殆即其事。此記即以此時作也。碑末單書「武」字，不可曉，豈欲紀宣武年號而未竟耶？碑書大眼歷官有梁州大中正，兩史失載。而兩史「安成縣」碑作「安戎縣」。考《魏書·地形志》唯有安戎縣，爲秦州略陽郡所領。其燕西、汝南、岳安、宕鄀四郡並領有安城縣，而非安成，當據碑補正之。乙卯開歲七日。

〔一〕「碑」據正文補。

魏靈藏薛法紹造像碑〔一〕

鉅鏕魏靈藏《河東薛法紹二人造像碑》亦無年月，與《楊大眼碑》同出洛陽伊闕，字勢又相近，殆同時作也。其波磔自然處並可悟屋漏法，橫畫多帶分隸，亦見蘭臺發源。古刻無「花」字，始見此碑。前人謂「花」爲太武始光新字，或又謂「葩」之行書譌變而成「花」，又變而成「蘤」。李楷〔二〕《述身賦》：「發花」與「英華」韵，「發花」即「發葩」。故《文選·琴賦》注引郭璞曰：「葩，爲古花字。」《後漢書·張衡》注：「蘤」爲古「花」字，亦是「葩」字。此碑有「鵬擊龍花」，又云「合門榮芘」直以「花」、「芘」爲「華」，因變成假矣。《爾雅·釋畜》注：「今之桃華馬。」《釋文》：「華，本又作花，同。」豈景純即已假用，不必新字耶！乙卯人日又書。

〔一〕「碑」據正文補。

〔二〕「楷」當作「諧」。

魏石門銘

又識西壁漢永平刻文後四行。寀其筆勢，亦遠書也。附諸卷尾。

魏高使君懿侯碑

《高羽真碑》，魏石刻之最整隋者。與《張神囧》一石同在正光時，可稱雙絶。咸豐己未九月，京師裝。

東魏太公廟碑

此紙庚申八月經衞輝、繩兒手拓者。辛酉二月翦貼于太湖軍幕。碑前半重録晉盧旡忌表，後半乃刻穆子容文。又一式。

此拓咸豐辛酉冬收于皖城，以校去秋經衞輝所拓尚多存十許字，以校蘭泉《萃編》所録又多損十餘字，蓋嘉慶末道光初拓矣。臘月五日，繩兒重裝貼過爲記之。右跋又一本。

北齊西門君之碑頌

此頌庚申七月出都時李芋僊大令持贈繩兒者。欲經漳南岸，手拓其陰。過去抵安陽乃憶之，適市中出此，收歸以校蘭泉所録，可識者多將百許字，則此陰又乾隆前拓矣。辛酉暮春，校書鄂撫署多桂園，繩亦自祁門來，翦貼觀覽，因記。

隋龍藏寺碑

真書至初唐極盛，而初唐諸家精詣，北朝無不具者。至開皇、大業間，即初唐矣，此碑置之褚登善諸石中，殆無以别，知即所從出也。前乎此之武平六年《道興造像記》，後乎登善之《王居士磚塔銘》，皆是一家眷屬。前輩至謂《磚塔》乃集此碑字所爲，固不必然，亦見其波瀾莫二矣。碑在正定城中大佛寺，額字猶完好如新。其結體即開《伊闕佛龕》其精悍奪人又與《張猛龍碑》額分道揚鑣。鴝庵此本，校近拓多完七十餘字，尤可寶貴。當別求精拓額字合之。同治己巳三秋持示，命署其首，因識。

隋孔宣父靈廟碑

此種書品在《曹子建碑》之上，隋碑之甲乙也。前人金石書並未著録。咸豐己未，京師裝成識。

隋欽江縣正議大夫寧贙碑

是碑在廣東欽州。翁、阮兩《金石略》未著録。「開皇十七年，令狐熙爲桂州總管，華夷感化。俚帥寧猛力在陳世已據南海，隋因而撫之，拜安州刺史。猛力恃險驕倨，未嘗參謁。熙諭以恩信，猛力感之，詣府請謁，不敢爲非。熙奏改安州爲欽州。」「大業元年劉方平交州，經略林邑。遣欽州刺史寧長真等以步騎萬餘出越常。」上並見《通鑑》。《隋書·劉方傳》：「仁壽末授驩州道行軍總管，經略林邑。方遣欽州刺史寧長真等以步騎出越常。」又見《林邑傳》。

隋馬興墓誌銘 唐咸亨元年。

右誌一文二紙。前紙高、廣一尺一寸。十三行，行十三字。後紙高、廣各二尺一寸六分。行十四字。當是一石兩面刻也。蘭泉未録，淵如云在孟縣。三行或五行「府」，十一行「慶」下口，皆刻後旁增，見古人之質。「慶」下添似「[illegible]」，循下不可識。末一行乃妄鐫。

唐隨清娛墓志

《隨清娛墓志》昔人皆未之言，道光間始有傳之者。同治壬戌秋，張仙舫觀察攜有拓本，借讀，依其式鈔出如右。既非唐人刻志行款，則不自土出可知。謂是汝南公一例稾本，不應第一行公字有刓削補石之紋。覈其字畫，蓋與邇日刻《開皇蘭亭》如一手所爲。

唐□夫人程氏塔銘

此殘誌丰韻絶佳，大似敬氏《磚塔銘》。

唐明徵君碑

在上元棲霞山麓，去梁安成碑東北五里許。秋棲霞爲金陵絶勝，寺已燹毁而碑巋存。棲霞今日之遊，賴此石猶可語耳。碑以上元三年高正臣奉敕書御製文字，近《懷仁集聖教序》，亦去太、高兩宗御墨不遠。初唐佳刻，照眼若新，良不易得。唯末行年歲上闕「上元三」三字，剥痕尚新。嘉慶諸老著録皆未言，蓋近在廿年間。篆額者王知敬，其結銜字意獨不與本碑同。兒子彝孫習摹知敬書，謂此結銜直是《李藥師碑》，意當爲知敬自題。審觀之，尚不謬，因附存其説。唐人篆額又自題銜，蓋他碑所未有也。

唐龍角山慶唐觀紀聖銘

咸豐己未十月，在京師先收得碑陰。攜之趙州度歲，繩兒翦貼以爲楷式。庚申春入京，復獲正碑于琉璃廠肆，彙爲一册。此文蘭泉未録，碑陰淵如亦未見。吕君小楷書亦是一時能事。「御製御書」四字，張説題。建碑年月吕向書。碑陰第一横之左，又有長慶三年李寰等三人題名。

唐開祝衡嶽銅簡文

簡高一尺五寸有半，廣五寸彊。咸豐初，山農鉏土得之。舊藏易小屏大令，今歸李氏。正面五行，背三行，小楷書，戊寅是開元二十六年。

唐三墳記

少温書碑今存者，大字以《般若臺銘》爲第一。此《記》及《庚公頌》亦皆極致之品，非《遷先塋》之開失、《城隍廟》之重刻者比。咸豐庚申十月，繩兒檢出觀覽爲題。

唐惠山石牀題字

同治丙寅九月初，在皕祼室觀鉤刻聽松石牀題字。其補正竹雲、覃谿遺誤，伯岏歧疑，一如天如華頌，唐陰唐側，别文同石者，分合了然，善矣。其云兵亂火燬，或舁運金陵，則傳聞異詞，固疑此石未泯。歸道無錫，亟泛舟訪之。循寺門基而登，果得諸道東亭下，牀端翹起，「聽松」字煜煜映斜日，射人目，倚憩挲摩久之。牀面趙希衮大書題名，極似涪翁筆勢，命家僮拓二纂以行。少温《書季卿述三墳記》謂老沙阬焉，蓋取堅頑能久。此石堅頑帶沙質，豈亦老沙耶？聊爲少温書之一證。還舟漫識卷尾，將寄諗皕祼室主人，知此石尚無恙，足供好古蒐訪，當同此欣快也。展重陽日。

唐李含光碑

此碑自乾隆壬子錢辛楣先生屬汪稼門蒐訪，僅存碑石廿三片，合全、半字才一千四十餘耳。碑四面刻，通計首尾千六百餘字。此本字全闕者，三百七十餘。存者全字、半字尚合千二百餘。蓋查二瞻舊藏，舍弟祥芝收之祁門者。當明季國初，拓本較乾隆時猶多二百許字。其拓不分明處乃被俗子墨填，失其精采，大可惜也。同治甲子歲仲秋月朔，郘亭眲叟皖中裝成記。

道光丙午冬，在黄虎癡叟黔陽學署觀其所藏顔碑，以此碑正面未翦一紙爲最舊拓。謂今句容所刻，補字出汪稼門得宋本鉤傳者，皆惡劣。惟何子貞有四面全拓，校其僅正面者，尤希世之珍也。今完拓既不可得，此拓既校稼門所收多二百許字，亦足珍矣。

此魯公年六十九時書也。計今顔碑存者，前二年有《元次山表墓碑》，後一年有《宋廣平碑側記》，又後二年有《顔氏家廟碑》，而顔碑絶筆矣。是後一年有《明州刺史王公德政碑》，見《年譜》，今不存。書此碑之年，復有《殷夫人顔氏碑》，凡皆魯公晚年書。融會篆、公隸爲一家，無意于工，工乃獨絶。其俊偉軒豁處，人所激賞，追摹善矣。其一、二拙澀天真，人所忽視，尤超詣不可等倫。學者合數碑觀之，當自得也。

自粤賊據金陵，句容淪陷者蓋十餘歲。稼門所收廿三碎石，今又不知存亡。整貼此卷畢，適有克復金陵之報。早晚東下，當策杖一訪金壇華陽之洞天，一證顔書存亡多少，更蒐剔許長史、陶隱居舊迹也。欣喜記之。甲子歲六月二十日。

同治丙寅，遵義趙崧于句容訪獲是碑。碎石大小凡十五，通計全半字百九十七，今又逸去三小石，計十五字。壬申歲甘泉張肇岑又蒐獲二石，移入句容學宫，共一百七十九字，校乾隆時汪稼門所獲才小半耳。男繩孫謹注。

唐信法寺彌弛像碑

顯慶三年四月，在元氏縣東北雲起寺。鄭萬英文，無書人。尚有碑陰及兩側題名，此未具。此碑楷法絶佳，可與獻陵、昭陵諸石並驅。唐初書家精美如此，乃不以名顯，爾時書道之盛可想見。

唐人楷書

此皆因宜堂帖所刻。一帖兩縮本外，皆以元石鉤摹入刻。《磚塔》、《杳冥君》、《潘智昭》三種幾于亂真矣。同治甲子初夏。

南唐妙因塔柱所題佛語

此石建于南唐。徐鉉題其額曰「妙因」。在栖霞寺之東，即隋時葬舍利處。見張敦頤《六朝事迹》。近嚴觀記江寧金石，乃以塔爲隋建，其題刻爲《陁羅尼經》語，并誤。

宋劉蒙伯碣文

君謨此書雖亦規模魯公，而以匾格爲之。真似今日殿試朝考法度，古人碑版意思蕩然矣。金石家于汴京以下之刻，等諸既灌而往，不唯書法，即刻工亦失其傳。此卷以閩石難得，又蘭泉未録，故翦莊出子弟觀，究勝時賢十倍。咸豐庚申十月，懷寧縣廣郵之寓，郘亭書示繩兒。

宋瀧岡阡表

此碑陰即歐陽氏《家譜》一卷。小楷尤精美，當别求之。

宋敎興頌

王蘭泉謂：「惜唐英之名不可考。」按：「唐英」當是姓名，特人不可考耳。刻在長安虞永興《夫子廟堂碑》陰。有篆額，而此本未備。「虛儀先」三字在石泐落處，山夫、竹汀本豈猶全乎？蘭泉所録于碑第二、三行闕字與今本同，不應首三字獨全，蓋據山夫説載入耳。咸豐辛酉四月，鄂撫署多桂園翦貼此種，録潛研堂跋尾于後示繩兒。

宋元祐黨籍碑

《宋史·徽宗紀》：崇寧元年九月己亥，籍元祐及元符末宰相文彦博等、侍從蘇軾等、餘官秦觀等、内臣張士良等、武臣王獻可等，凡百有二十人，御書刻石端禮門。庚子，以元符末上書人鍾世美以下四十一〔一〕人爲正等，悉加旌擢。范柔中以下五百餘人爲邪等，降責有差。二年八月辛酉，詔張商英入元祐黨籍。三年二月己酉，詔王珪、章惇别爲一籍，如元祐黨。六月戊午，詔重定元祐、元符黨人及上書邪等者合爲一籍，通三百九人，刻石朝堂。餘並出籍，自今毋得復彈奏。五年春正月戊戌，彗出西方，其長竟天。乙巳，以星變，避正殿，損膳，詔求直言闕失。毁元祐黨人碑，復謫者仕籍，自今言者勿復彈糾。《姦臣傳·蔡京》：崇寧元年代曾布爲右僕射，二年正月進左僕射。京起于逐臣，一旦得志，陰託紹述，箝制天子。時元祐羣臣竄敗死徙略盡，京猶未愜意，命等其罪狀，首以司馬光，目曰姦黨，刻石文德殿門。又自書爲大碑，遍頒郡國。初，元符末以日食求言，言者多及熙寧、紹聖之政。則又籍范柔中以下爲邪等，凡名在兩籍者三百九人，皆錮其子孫，不得官京師及近甸。五年正月彗出西方，其長竟天。帝以言者毁黨碑，凡所建置，一切罷之。此搨乃三百九人之本。嘉定辛未，權知融州軍沈暐所重刻者，在今廣西融縣。又有慶元戊午饒祖堯刻者，在廣西臨桂，于諸賢已没者皆注曰「故」，校沈本猶備。明倪元璐題《元祐黨籍碑》云：諸賢自涑水、眉山數十公外，凡二百餘人史無傳者。其所見即三百九人之本。戚學標書倪《跋》後云：倪謂其碑自靖國五年毁碎，此或失考。按史，碑立于崇寧元年，蔡京請徽宗書刻石端禮門。其毁，以後五年星變，則劉逵之請。方靖國時，碑未立也，安得預毁？徽宗通在位二十五年，大中靖國一年耳，無五年。所刻奸黨司馬光下大小臣百二十，而云二百餘人，不應多其一倍。由是言之，彼所見特僞本耳。林雲銘即謂其靖國五年二百餘人之説有誤。今考倪氏特誤崇寧爲靖國，讀史未審耳。西仲、鶴泉既未見碑本並史之年，重定合籍凡三百人，刻石廟堂之文亦未之見，校倪尤疏也。碑刻以崇寧三年，京敘云「嗣位五年」者，通靖國前一年未改元時計之耳。舍弟庭芝欲通爲考校，于史所不載者，取宋人説部求之，亦治古者所必資也。道光癸卯春三月。

〔一〕「一」原脱，據《宋史·徽宗本紀》補。

宋鄆州學新田記

宋人之佳分書，唯晏袤《山河堰記》雄逸有漢人意象。李伉此石力摹黄初孔羡，得其方滿，雖神明不逮，庶幾虎賁中郎之似，亦宋碑之傑出者矣。辛酉初夏，多桂園書。

宋達州進奉大禮銀鋌

款識三行云：「達州今解發寶慶三年、紹定元年分進奉大禮銀一大鋌，重伍拾兩。奉議郎通判達州軍州兼管内勸農兼權州事臣任隆祖。」中有人名湯孫、朱榮、𡶜澤，而「𡶜澤」字倒書，向上。結銜行後復有「靳德一郎記」五小字。

此鋌重準今庫平五十兩少一兩四錢，準東南市用漕平少四錢。同治元年皖南鎮總兵官唐義訓統强中營，駐休寧，掘黄氏窖藏得銀七千餘兩以充餉，中有此鋌。舍弟祥芝拓其款識以存。

附録卷第二終

持靜齋藏書記要

（清）莫友芝撰
李淑燕　點校
杜澤遜　審定

點校説明

《持靜齋藏書記要》二卷，清莫友芝撰，是清代丁日昌持靜齋藏書的善本目録。丁日昌，字禹生，號持靜，廣東豐順縣人。道光三年（一八二三）生，光緒八年（一八八二）卒。少聰穎，有聞鄉閭。二十歲補廩生，屢試不第。咸豐五年（一八五五）以軍功敘用知縣。六年（一八五六）選瓊州訓導。九年（一八五九）選江西萬安縣知縣。同治間經曾國藩提攜，歷任蘇松太兵備道、兩淮鹽運使、江蘇巡撫、福建巡撫兼臺灣學政等職。一生在實業、外交、教育等方面成就卓著，是清末洋務運動的重要人物。同時，他又是清末著名藏書家，藏書達十萬餘卷。藏書處曰實事求是齋、百蘭山館、持靜齋等。藏書主要來源於上海郁松年「宜稼堂」、蘇州顧沅「藝海樓」和黄丕烈「百宋一廛」，另外還有汪士鐘、胡惠墉等人的部分藏書。凡宋元舊籍，丁氏都不惜重金，留意搜求。所藏數量龐大，精品甚多。這些藏書先後經多次編目，其中第二次即莫友芝代編的《持靜齋藏書記要》。

莫友芝是晚清著名的學者，宋詩派詩人，其書法、詩文，均爲一代名家，又精于小學、方志學、金石學、目録版本學等，與鄭珍並稱「西南巨儒」。他治學範圍甚廣，然最能代表其學術成就的，還是目録版本之學。

特别是他客居江南十餘年間，成就輝煌。江南地區經濟發達，文化繁榮，古籍豐富，藏書家衆多。這爲友芝治學提供了良好的環境。他生性好遊善談，無論在安慶刻書局，還是在金陵書局、江蘇書局，都結交了衆多江南文人名士、藏書家。當時正值戰亂初定，江南故家藏書多流散，友芝雖因財力所限，不能盡購，然此間過目善本甚多，由此更豐富了他的目録版本之學。從《持靜齋藏書記要》的序言中，可知友芝應丁日昌之邀檢理持靜齋藏書。自同治六年（一八六七）着手整理、編輯，同治八年初成書。他又借此機會將持靜齋藏書録於《四庫簡明目録》中，《郘亭知見傳本書目》即在此基礎上整理而成。友芝爲曾國藩至交，且多年客居曾府。丁日昌爲曾國藩下屬，多得曾之提拔。丁、莫二人來往較多，當與曾國藩有關。葉德輝在《郘亭知見傳本書目序》中説：「中丞（丁日昌）喜藏書，每得一書，必請先生（莫友芝）鑒别。」丁氏藏書素以珍本多、來源廣、數量大爲特點。《記要》所收，數量雖僅爲丁氏藏書的十之三四，但多係精華。

《記要》上卷收宋刊本（金刊附）十三種、元刊本十八種、明刊本（近代佚書附）二百九十種，下卷收鈔本、稿本四百五十種，共計七百七十一種。各書之下著録版本，宋元刻及罕傳本則詳細著録版式、序跋及内容大要。明本則較簡略。對《四庫》未收及存目書，必加注明。《四庫》已收而卷數、版本不同者，亦予説明。對《四庫提要》之誤説，則隨條訂正。如岳飛《岳忠武王文集》十卷，存于岳珂《金陀粹編》内，《四庫提要》云十卷本已不傳，友芝即于《金陀粹編》條指出十卷本收於《粹編》卷十至十九，「固完善無恙也」。友芝在《記要》中對部分書籍的真僞有所考辨。如宋徐天麟《西漢會要》條，指出另一寫本名作《西漢貫制叢録》，「亦七十卷，題宋紹熙十五年袁應詳撰進。核之，即天麟書。蓋作僞以欺售者。」《記要》也偶有失誤。如《本草綱目拾遺》，作者趙學敏，友芝著其朝代爲「明末」，稱「自序題『庚寅仲春』」。考時珍子建元進《綱目》在萬曆廿四年丙申，此後庚寅即我朝順治七年也」。但據《中國分省醫籍考》引《杭州府志》，云趙學敏爲乾隆時人。《續修四庫全書總目提要》著録《本草綱目拾遺》，云「有乾隆庚寅自序」。則自序所稱「庚寅」乃乾隆三十五年，友芝定爲順治七年，未確。

持靜齋藏書，在莫友芝《記要》之後，丁日昌又於同治九年率其門人編製了《持靜齋書目》四卷、《續增書目》一卷，著録三千三百多種，遠較《記要》豐富。但《記要》於宋元本及稀見本著録較詳。兩目配合，方可瞭解丁氏藏書全貌。

《記要》有同治間丁氏刻本和民國十三年蘇州文學山房木活字排印本。民國七年廣州華英書局、民國二十三年北平來薰閣又據丁氏刻版刷印。此次整理，以文學山房活字本爲底本。主要參校了《持靜齋書目》，同時參校《四庫全書總目》、《中國叢書綜録》、《中國古籍善本書目》等，校訂之處出有校勘記。至於避清諱字，皆直接回改。爲檢查方便，我們加編了書前目録，編製了人名、書名索引。本書由李淑燕點校，杜澤遜審定。不當之處敬請讀者指正。

李淑燕

二〇〇七年十二月二十三日

持靜齋藏書記要目録

元刊本

明刊本　近刊佚書附

卷下

鈔本

序

同治丁卯秋末，友芝浙游，還及吴門，禹生中丞命爲檢理持靜齋藏書三百有若干匣，散記其撰述人代，卷帙刊鈔。逾兩月粗一周，未及次序。明年春，開書局，董校旁午。夏秋間暫還金陵，略以四部别之，旋輟去。己巳開歲，局事少減，乃舉官本《簡明目録》，悉齋中所有，注當條下。《庫目》未收，或成書在後者，約略時代，條記于上下端，用助朝夕檢覽。東南文籍，夙稱美備，鎮、揚、杭、三閣又得副天府儲藏。軍興以來，散亡殆盡。吾中丞鋭意時艱，力振頹弊，而敷政餘閑，即典册不去手。計十年蒐集，除複重可十萬卷。其中宋元善刻及舊鈔，大部小編，單祕無行本者，且居十之三四。於虖，富哉！猶自以爲未備，不欲泛濫編録，因舉傳本希見，指述大略爲《記要》二卷存之，以諗好古之士。二月庚午獨山莫友芝。

持靜齋藏書記要卷之上

宋刊本 金刊附

毛詩要義三十八卷

宋魏了翁撰。其居靖州時，取《九經注疏》摘爲《要義》之一也。依箋編二十卷，中又分子卷十有七。首《譜序》一卷。凡爲三十八卷。每頁十八行，行十八字。每卷各以一、二、三分條爲目，卑一格書。有一條二目者，其第二目標之眉上。又有當條所掇未盡之義，亦于眉上書之。鶴山《諸經要義》皆舉當時善本，綱提件析，條理分明，爲治經家不可少之書。今《四庫》所收，僅《周易》、《儀禮》是全帙，《尚書》、《春秋左傳》皆不完。後儀徵阮氏元撫越，乃得《尚書》闕卷及闕首二卷之《禮記》進之。而《毛詩》一種，自直齋、公武不著録，阮氏力求不得見者，乃巋然獨存于東南兵燹之餘，首尾完整，神明焕然，誠無上祕笈也。據卷中諸印，知經藏者曹寅、吴可驥及長白昌齡、桐鄉沈炳垣，後歸郁松年，推爲宜稼堂諸宋本之冠。今歸持靜齋。

儀禮注十七卷

漢鄭康成撰。每卷末分計經、注字數，宋本經史常有此例。每頁板心上端並有「淳熙四年刊」五篆字。嘗見乾道本《漢書》隸書刊年于板心中段之下，此亦其例。

漢書一百二十卷

漢班固撰，唐顔師古注。宋景祐刊本，不足七十卷，據景祐本影鈔者七卷，餘以元人覆本補足之。歷藏陳繼儒、曹溶、黄丕烈、張蓉鏡、郁松年諸家。其原刊鈔補之卷及大德元統修補之頁，丕烈悉記其目裝卷端。影補數卷，猶出自倦圃前，頗爲精善。黄丕烈有此書完本，爲倪瓚凝香閣物者，後歸汪士鐘。此其次也。

資治通鑑綱目五十九卷

宋朱子撰。乾道壬辰四月刊。緜紙精印，半頁八行，行十七字。目雙行，亦十七字。季振宜、郁松年經藏。有明弘治初題識，已謂「此書難得善本，似此首尾精完，無傀配，尤難得」。矧更歷三百七十年，猶精完無少損缺，真鴻寶也。

東都事略一百三十卷

宋王偁撰進。宋眉州刊本。半頁十二行，行二十四字。目録卷尾有楷書二行木記云：「眉山程舍人宅刊行，已申上司，不許覆板。」初印，極精好，薄緜紙，四端甚寬。此書康、雍間有覆本，亦可，對此便無足觀。有薛紹彭、劉涇二印。首有陳鱣録《讀書敏求記》及鱣圖像印。又經藏上海郁氏宜稼堂。偁，眉州人，故其鄉里首爲刊板。此本紙墨之善，與《綱目》巨編，皆海内所希見，史部之甲乙也。

輿地廣記殘本二十一卷

宋歐陽忞撰。其書三十八卷，此宋刊，起卷十八至末，而闕前十七卷。蓋顧氏小讀書堆舊藏。黄丕烈仿刊此書，序謂「淳祐重修本藏亡友顧抱沖家，不可復見」者，殆即此也。

東南進取輿地通鑑三十卷

宋節孝先生趙善譽撰。宋刊本。是書今《四庫》未收，各家書目惟《傳是樓》有之，云「二十卷」。考《宋志·史鈔類》，趙善譽《讀史輿地考》六十三卷，一名《輿地通鑑》。《直齋書録》有《南北攻守類考》，亦六十三卷，云：「監進奏院〔一〕趙善譽撰進，以三國、六朝攻守之變，鑒古事以考今地，每事爲之圖。」按《直齋》説，知即此書而異其題耳。其書既分圖三國至南北朝東南攻守事，圖後又附以地理考及本事始末，蓋爲南渡後圖金而作，是當日極有心人極有用書也。惜存卷才及半而弱，序全而目不具。于三十卷後有割補痕，以冒爲不闕，欺售者。然較傳是樓本已增十卷，且總圖總論具在，其每事分圖亦及于晉，于讀史方輿致用處，亦已見其大端。因其法推究之，資于宏濟不少。斷帙僅在，而舉世莫傳，亦史部無上之祕笈矣。半頁十三行，行十九字。宋克、冒鸞、黄丕烈、汪士鐘、郁松年皆經藏。

自序云：善譽聞險要視乎地，攻與守屬諸人。古今之地未始殊絶，而或得或失者，人事之不侔也。自三國以迄于陳，南北攻守之變備矣。其事可類而覽也，□其地不可不考而圖也。覽古之事以考今之地，□爲有用之學哉。難之者曰：「古尋陽本治江北，而今在江南，自温嶠始徙也。古當塗本以塗山爲邑，而今在姑熟，晉成帝遷之也。是郡邑之不常，未易以今究也。古駱谷道自盩厔〔二〕南通漢中，今塞矣。唐武德間所開，非必漢、魏之舊也。古巢河水北流，合于肥河，今湮矣，吴魏舟師之所由不可見矣。是川陸之不常，未易以今論也。」若此之類，不勝殫舉。則此書欲以有用，無乃幾于無用也。吁！杜征南預以晉之郡國而釋春秋之地名，顔祕監師古以唐之州縣而注秦漢之疆域，其曰未詳者，不害爲闕疑，而二書遂瞭然于千載。而以古今之難窮爲諉，而不盡其心哉！故因《通鑑》編年，參之正史，以類南北〔三〕之武事，即地理之書，考之今日，以究攻守之所在。既載其事以論之，又爲圖于前，以便稽覽。雖曰昔人遺迹不無湮滅，而古今地志亦或疏略，然尋文□圖，可考者十常八九。其所未究則闕之，以俟博□，於史學不爲無補也。唐太宗有言曰：以古爲鑒，可知興替。而光武系隆炎漢，廓清六合，實有感于披輿圖之日。則是書之有用，將不止爲觀史之助焉。趙善譽謹序。

〔一〕「進奏院」原作「奏進院」，據《直齋書録解題》改。
〔二〕原文「厔」後有一缺字方框，據《宋元舊本書經眼録》刪。
〔三〕原文衍「朝」字，據《宋元舊本書經眼録》刪。

鹽鐵論十卷

漢桓寬撰。宋刊本。每半頁十行，行十八字。末卷尾有「淳熙改元錦谿張監税宅善本」二行楷書木記。首有己巳孟春河漢馮武題識云：「以贈平原文虎道兄。」武，班之猶子也。文虎，不知何人。己巳，應係康熙二十八年。

圖解校正地理新舊十五卷

宋官撰。金刊本。宋初，因唐吕才《陰陽書》中《地理》八篇增輯爲《乾坤寶典》。景祐初命修正舛盭，别成三十五篇，賜名《地理新書》。皇祐三年復詔王洙等勾管删修，勒成三十二篇。事具洙進書序。略曰：自吕才成書，名以地理，而專記冢墓，頗殽以室舍，吉凶同條，非著書之法。今首以城邑、營壘、寺署、郵傳，則左陰右陽，刑禍福德所相也。辨之以四方，敘之以五行，商之以五姓，憲之以九星，娩之以八卦，參之以八變，爲《地事》凡二十篇。終以冢穴，埏道，門陌，頃畝。則開三閉九，山壟水泉所相也。任之以八將，齊之以六對，董之以三鑑，儫之以六道，爲《葬事》凡十篇。若乃岡原利害，則繪之以易民用，爲《地圖》一篇。種次有彙，則總之以便看讀，爲《目》一篇。勒成三十二篇。闓之以經義，辨鑿空也。質之以史傳，信休咎也。廣之以異聞，求成敗也。巫史所傳，則存其可據者，不專新見也。辭質而易曉，便于俗也。文繁不具録。金世宗大定甲辰宋淳熙十一年平陽畢履道校正，爲之圖解。章宗明昌壬子當宋紹熙三年古戴鄙夫張謙更爲精校以行。此本即其時刻也。《四庫》未收，各家書目亦未著録，亦術數家古笈僅存者矣。汪士鐘、黄丕烈皆經藏。半頁十七行，行三十字。其雙行細注，皆刻劃分明。

米海嶽畫史一卷

宋米芾撰。首有葉氏藏書印，蓋菉竹堂故物。末朱書「康熙癸巳蔣生子範所贈」。咸豐四年顧武保識其前，謂「是册宋槧初印，聉、貞、殷、徵等字避諱」。朱字一行，何義門手筆。子範，長洲蔣棟字，義門弟子也。

寶古堂重修考古圖十卷

宋吕大臨撰。刊印極精善。中有文淵閣印，蓋明内府物也。定爲宋刊宋印。

世綵堂韓昌黎集註四十卷外集十卷遺文一卷附集傳一卷

唐韓愈撰，宋廖瑩中輯註。刊板初印，紙墨精絶。項氏萬卷堂舊藏。又經藏汪士鐘、郁松年。每卷尾有「世綵堂廖氏刊梓家塾」篆書兩行木記。每頁心下端有「世綵堂」字。明萬曆中長洲徐時泰翻刻此書，悉以「東雅」易頁心「世綵」字，卷尾木記皆易之，世謂東雅堂本，舊印亦精工可觀，而以此本視之，直奄奄無生氣，尚未到唐臨晉帖也。海内集部佳本，斷當推此第一。

三蘇文粹七十卷

殘本。宋人編録宋蘇洵及二子軾、轍之文。失其姓名。或以爲陳亮，蓋緣亮有《歐陽文粹》而附會耳。《四庫》據明刊本，未見宋刊，存其目于明人總集中。此本僅後半，始三十四卷，至七十。其前半闕，實宋刊也。

元刊本

尚書蔡氏傳輯録纂註六卷書序纂註一卷

元董鼎撰。其子真卿以延祐戊午十月刊于閩坊。其卷首綱領，末頁有「建安余氏勤有堂刊」篆文二行木記。全書皆朱筆句讀，註及輯纂並朱墨筆抹其綱要。本書考證未備或增引，書之卷端，不知何人筆也。每半頁十行，行大字二十，小二十四。每卷末有「秀水朱氏潛采堂圖書」，又有「項蘭谷史籍章」、「檇李姚我士史籍章」、「紒山埜逸」三印。曝書亭舊藏。

春秋胡氏傳纂疏三十卷

元汪克寬撰。有至元戊寅汪澤民、至正辛巳虞集兩序。凡例後自記成書始末，爲至正六年丙戌。後有楷字二行木記云：「建安劉叔簡刊于日新堂。」吴國英跋云：「至正戊子正月鐫諸梓。」克寬至明猶存，與修《元史》。此著則先已刊行。半頁十行，行二十一字。傳亦大書，卑一格。

元新刊禮部韻略五卷首貢舉條式一卷

金王文郁撰。併舊韻二百六部爲一百六部，即陰氏《羣玉》所本。而所併二韻之間必以魚尾隔之，使舊部分明可見，則勝于陰韻之叢脞。是書初刊于金正大己丑。此本五卷，末有「大德丙午重刊新本，平水中和軒王宅印」二行書木記，則元重刊本也。卷首載貢舉三試程式，一曰《御名廟諱迴避》，二曰《考試程式》，三曰《試期》，四曰《章表迴避字樣》。可見當時制度，可與史志選舉科目條互證。又有《壬子新增分毫點畫正誤字》五頁，則刊成後六年所增。《四庫》未收。

五代史記七十五卷

宋歐陽修撰，徐無黨注。刊本。半頁十行，行十八字，注行二十一字。略如今行王、柯兩《史記》之式，而字尤圓好。不載附刊年月。以書品定之，實元刊也。

通鑑地理通釋十四卷

宋王應麟撰。元至正十一年附《玉海》刊本。

金陀粹編二十八卷續編三十卷

宋岳珂撰。珂以嘉定戊寅守嘉禾，刊《粹編》。紹定改元，又刊《續編》。元時，嘉禾板已無存。至正二十三年，吴門朱元祐重刊于西湖書院，即此本也。《岳忠武王文集》十卷，珂悉載《粹編》中，爲卷之十至十九。《四庫》録忠武遺文僅一卷，爲明徐階所編，謂十卷本已不傳。檢核是編，固完善無恙也。欣喜記之。齋中又有依鈔此本一部。

通典詳節四十二卷

元人節鈔杜佑書，以備科舉之用。目録後有「至元丙戌重新繡梓」一行。未爲善本，聊以元刊附存。

管子二十一卷

刊印不工。王芑孫舊藏。以朱筆校過。以爲元板。九行，行二十字。首題識云：「芸臺先生至杭，停泊胥江，過鷗波舫，出是書相贈。同年黄蕘圃見之，定是元板，市中不可多得，因重裝之。鐵夫記。」

政和新修經史證類本草三十卷

宋唐慎微撰，曹忠孝奉敕校。元刊明印。曝書亭舊藏。

書法鉤玄四卷

元蘇子啟撰。《四庫》存目。此明趙宧光寒山精舍所藏元刊本。卷中批抹多用草篆。四卷末記一行云：「萬曆壬子仲春二日胡蜨寢閣。」皆凡夫手迹也。一卷首有印曰「梁鴻墓下」。凡夫寒山〔一〕，當去鴻墓不遠。聞昔有梁方伯洽吴，訪求鴻墓不得，正可依寒山舊址一更尋之。

〔一〕「凡夫寒山」，《持靜齋書目》作「凡夫居寒山」。

玉海二百卷附詞學指南四卷

宋王應麟撰。元至元四年刊，至正十一年補正漏誤六萬字。趙體書，極工緻，首尾一律，緜紙精印。本失首册，精鈔配入。當湖胡惠孚、滬上郁松年皆經藏。半頁十行，行二十字。明時此板歸南監，正德、嘉靖遞有修補，不足觀已。

小學紺珠十卷

宋王應麟撰。元刊明印本。

韻府羣玉二十卷

元陰時夫、中夫兄弟同編。延祐甲寅刊本。

羣書事林廣記前集卷之一後集卷之二

宋西潁陳元靓編。考倪燦《明史藝文志稿補》宋有陳元靓《事林廣記》十卷，注云「一作十二卷」。蓋即其殘帙。疑宋元舊刊也，姑附之元本中。《四庫》未收。

集千家註杜詩二十卷附録一卷

唐杜甫撰。元高楚芳删南宋書肆所編千家註，散附以劉會孟評語刻之，印本尚可。亦元末明初也。

臨川集一百卷

宋王安石撰。危素未入明所刊。亦有明時修板。

東萊吕太史文集十五卷外集五卷

宋吕祖謙撰。元刊本。按：《四庫》本尚有《别集》十六卷，《附録》三卷，《拾遺》三卷，合四十卷。此本尚佚其半。

劉靜修先生集二十二卷

元劉因撰。元刊本。細行密字，頗精雅。《四庫》録此集三十卷，乃別據一元刊也。

明刊本 近刊佚書附

東坡易傳九卷

宋蘇軾撰。明焦竑刊。

周易新講義十卷

宋龔原撰。字深甫，遂昌人。少與陸佃同師王安石，官至寶文閣待制。安石自以《易解》未善，故紹聖後原《講義》與耿南仲註並行場屋。見晁公武《讀書志》。《四庫》未收。日本天瀑山人以活字印入《佚存叢書》，自題「文化五年」，當今嘉慶十三年。

泰軒易傳六卷

宋清源李中正字伯謙撰。後有嘉定庚辰廣川董浩跋，云：「泰軒先生以《易》鳴吾邦，凡卦爻之義，皆于六書中求之。」是書久佚，《經義考》不載，《四庫》未收，唯日本足利學藏有其國文明中影本。歲庚申，天瀑山人以活字印行，當今嘉慶五年。

洗心齋讀易述十七卷

明潘士藻撰。萬曆丙午刊。

周易會通十二卷

明汪邦柱、江柟同輯。萬曆丁巳刊。《四庫提要》「汪」作「王」，入《存目》。後凡《四庫存目》之書，但注云「存目」。

易憲二卷

明沈泓撰。明刊本。存目。又一舊鈔本。

東坡書傳十三卷

宋蘇軾撰。明焦竑刊。

書經〔一〕纂言四卷

元吴澄撰。明嘉靖己酉顧應祥刊于滇中。秀水朱氏曝書亭舊藏。通志堂刊是書，即據此本。

首有題識云：是書購之海鹽鄭氏，簡端所書猶是端簡公手迹也。會通志堂刊《經苑》，以此畀之，既而索還存之笥。壬申歲歸田，檢櫝中藏本，半已散失，幸此書僅存。又七年，曝書于亭南，因識。竹垞七十一翁。

〔一〕按《持靜齋書目》、《中國叢書綜録》著録無「經」字。

詩集傳八卷

宋朱子撰。明司禮監官刊附《音釋》本。字大豁目。

毛詩正變指南圖六卷

宋人撰。明陳重光訂刊。存目。

六家詩名物疏五十四卷

明馮應京撰。萬曆乙巳刊。

詩經類考三十卷

明沈萬鈳輯。明刊本。存目。

考工記注二卷

唐杜牧撰。道光間仁和胡珽琳琅祕室活字印本。未收。

周禮全經釋原十四卷

明柯尚遷撰。隆慶四年刊。

儀禮注疏十七卷

漢鄭氏注，唐賈公彦疏。明廬陵陳鳳梧刊本。按：明至正德時，南監諸經疏板尚無《儀禮》，僅有宋楊復《儀禮圖》。嘉靖初，鳳梧在山東刊此十行本，乃移入焉。未幾，李元陽按閩，刊十三經，其《儀禮》即因此本。後北監、毛晉刊經疏，並依閩本。其經文脱逸數處與改賈氏舊疏五十卷爲十七，皆自鳳梧此刊始。惟板式、字畫皆可觀。

禮記集説三十卷

元陳澔撰。明刊本。《四庫》著録《雲莊禮記》十卷，今本通行皆然。疑此是原編。

春秋經傳集解三十卷

晉杜預撰。明仿宋岳氏本。岳氏《相臺九經》，明時多有覆刊，以此經爲最善。

音點春秋左傳句解三十五卷

元朱申撰。明刊。存目。

春秋億六卷

明徐學謨撰。徐氏刊《海隅集》本。

左求二卷

明錢旃撰。崇禎四年刊。《四庫》未收。後凡《提要》所無，但注云「未收」。

春秋臆說四卷

國朝吴啟昆撰。康熙五十九年刊。未收。

六經圖巨册六卷

宋陳森乾道元年編，曰《大易象數鉤深圖》、《尚書軌範撮要圖》、《毛詩正變指南圖》、《周禮文物大全圖》、《禮記制度示掌圖》、《春秋筆削發微圖》各一卷，彙刊于撫州。明萬曆丙辰郭若維更考定刊之。未收。

四如講稿六卷

宋黄仲元撰。明嘉靖丙午刊。

簡端録十二卷

明邵寶撰。崇禎辛未刊。附《書説》一卷、《左觿》一卷。

四書集註二十六卷附大學中庸或問二卷

宋朱子撰。明司禮監刊本。

經筵進講四書十册

明張居正撰。今康熙十一年刊本。未收。

附論語新註四卷

今日本豐幹子卿撰。自序署「天明戊申」，當乾隆五十三年。

苑洛志樂二十卷

明韓邦奇撰。嘉靖中刊。

鄭世子樂律全書四十二卷

明朱載堉撰。凡十種。明刊巨册。

説文長箋一百四卷附六書長箋七卷

明趙宧光撰。萬曆戊午刊。存目。

五音類聚四聲篇十五卷

金韓道昭撰。明萬曆中刊。存目。

五音集韻十五卷

金韓道昭撰。明萬曆中刊。

洪武正韻十六卷

明樂韶鳳等奉敕撰。司禮監官刊本。

泰律篇十二卷

明太僕寺卿河西葛中選見堯撰。論字母音呼之學。《四庫》未收。嘉慶庚午汪潤之督學雲南，始與楊一清《關中奏議》、《石淙集》合刊以行。

以上經部

史記集解合索隱一百三十卷

漢司馬遷撰，宋裴駰集解，唐司馬貞索隱。明正德時依中統本傳刊。

史記三家注本一百三十卷

唐張守節正義，合集解、索隱編之。明嘉靖四年王延喆覆刊宋本。初印，以黄柏染緜紙。凡序目尾或卷尾有「王氏校刊」木記處，悉裁去，以冒宋本。其《周本紀》第廿七頁，王氏所據宋本失之，以意補綴。失載正義、索隱數條，此正相合。然宋本不可得，得王本如此者，亦宋之次矣。又一部，緜紙完善，印亦中上。又萬曆二年余有丁校刊南監本。又萬曆二十四年馮夢禎校刊南監本。

漢書一百二十卷

漢班固撰，唐顏師古注。明嘉靖九年南監祭酒張邦奇等校刊本。緜紙初印，絶精。

後漢書一百二十卷

紀、傳，宋范曄撰，唐章懷太子賢注。志，晉司馬彪撰，梁劉昭注補。明吴勉學刊本。

上正史。

資治通鑑綱目五十九卷

宋朱子撰。附商輅撰《續編》二十七卷。明成化官刊大字本。

資治通鑑綱目七家注五十九卷

明正德癸酉福州刊本。七家者，宋尹起莘《發明》、劉友益《書法》，元汪克寬《考異》、王幼學《集覽》、徐文昭《考證》，明陳濟《正誤》、馮智舒一作劉弘毅《質實》。本各自爲書，自弘治戊午黃仲昭刊本彙入編中，此本繼之。《書法》、《發明》義例紛紜，尤亂人意。後來傳刻通行，未有能廓清之者。

資治通鑑節要五十卷續編三十卷

明官刊大字本。《節要》存目，《續編》不收。

歷代通鑑纂要九十二卷

明正德六年李東陽等表進。十四年慎獨齋刊。《四庫》不收，于《通鑑輯覽》提要中一及之。以《輯覽》因是書蕪漏而作也。上編年。

人代紀要三十卷

明顧應祥撰。嘉靖三十七年刊。存目。

古史六十卷

宋蘇轍撰。明萬曆辛亥南監刊本。

通志二百卷

宋鄭樵撰。明官刊大字本。

宋史新編二百卷

明柯維騏撰。嘉靖乙卯刊。存目。

李氏藏書六十八卷續二十七卷

明李贄撰刊。存目。

國語注附補音二十一卷

吴韋昭注，宋宋庠補音。明張一鯤、郭子章同校刊。

戰國策鮑註十卷

宋鮑彪注。明嘉靖壬子刊。

建文書法儗五卷

明朱鷺撰刊。存目。

先撥志始二卷

明文秉蓀撰刊。紀萬曆起至崇禎二年諸大案。存目。

頌天臚筆二十四卷

明金日升撰。紀崇禎時誅璫、起廢諸事。崇禎己巳刊。《四庫》未收。

明朝小史十八卷

刊本。題蘆城赤隱吕毖輯著。紀録始太祖，至福王。按：毖校次《明宫史》，《四庫總目》以爲蓋明宫監。今蘇城西南靈巖山下小桃源，是毖隱居處，有墓碑記其辟穀及禱雨異徵。臨終書偈有云：「一輪明月空中相，千片桃花影裏身。」又似明之遺老隱於佛道者。疑莫能明也。《四庫》未收。上雜史。

包孝肅奏議十卷

宋包拯撰。明刊，據宋淳熙元年趙礛老廬州本。

諫垣遺稿二卷

明湯禮撰。嘉靖癸巳刊。未收。

司馬奏疏三卷

明王家楨撰。字軒籙，長垣人。明末爲兵部侍郎，甲申殉難。康熙時刊本。未收。

唐忠臣録三卷

明鄭瑄[一]編唐張巡、許遠事實，附以南霽雲、雷萬春及後人祠記題詠。正統十三年刊。未收。

〔一〕「瑄」，原誤作「暄」，據《持靜齋書目》、《中國古籍善本書目》改。

殷太師比干録三卷

明曹安集編比干墓碑碣題詠。天順二年刊。未收。

楊文敏公年譜四卷

明徐文沔編。譜楊榮事迹。嘉靖壬子刊，藍印。未收。

宋左丞相陸公全書八卷

刊本。明末王應熊編。録宋陸秀夫事迹、遺文，附以讚詠。未收。

忠節録一卷

刊本。録明孫傳庭傳誌。未收。

唐才子傳十卷

元辛文房撰。今嘉慶癸亥日本人活字印本，猶是元人舊帙，較《四庫》八卷本爲足。

列卿年表一百九十三卷

明雷禮撰。始洪武，至隆慶。《四庫》此類《存目》有禮《列卿紀》百六十五卷，才及嘉靖，而書題、卷數不同，蓋彼于表後又附事迹行實。此則單表無行實之別一本也。

明郡牧廉平傳十卷

明王昌時輯刊。始洪武方克勤，至萬曆朝朱燮元，百五十二人。載李元陽仁甫知荆州府，首拔張居正，爲得人。未收。

吳中人物志十三卷

明張昶〔一〕撰。隆慶庚午刊。存目。　上傳記。

〔一〕「昶」，原誤作「日永」二字，據《持靜齋書目》、《中國古籍善本書目》改。

通鑑總類二十卷

宋沈樞編。明刊本。又一部元本者，佳。　上史鈔。

輿地紀勝二百卷

宋王象之撰。《四庫》未收。至嘉道間始得舊鈔，傳録甚不易。咸豐中，南海伍崇曜始刊此本。中缺二十七卷，無從補完。

明一統志九十卷

明李賢等奉敕撰。慎獨齋刊本。

嘉靖太倉州志十卷

明嘉靖丁未周士佐、周鳳岐重修刊本。未收。

萬曆杭州府志一百卷

明萬曆七年郡人陳善纂修。刊本。未收。上都會邦縣。

水經注四十卷

漢桑欽撰，後魏酈道元注。明嘉靖中刊本。

上端書考校語，幾滿，甚博贍。未詳其人。

河防一覽十四卷

明潘季馴撰。明刊本。

籌海圖編十三卷

明胡宗憲撰。明刊本。

兩浙海防考十卷

明范淶撰。萬曆元年刊。《四庫》未收，而《存目》中有淶《兩浙海防類考續編》十卷，則續此編也。上邊防。

金陵梵剎志五十三卷

明葛寅亮撰刊。　上古迹。

續吴録二卷

明沛劉鳳子威撰刊。記明初及于萬曆時。

帝京景物略八卷

明劉侗、于奕正同撰刊。存目。　上地理雜記。

遊名山記四十八卷圖一卷附録一卷

明人因何鏜《古今遊名山記》而廣之。刊本。失姓名。存目。　上雜記。

東西洋考十二卷

明張燮撰。萬曆戊午刊。　上外紀。

唐六典三十卷

唐玄宗御撰，李林甫等奉敕注。明嘉靖甲辰浙江按察司刊。

舊京詞林志

明周應賓撰。萬曆二十五年刊。存目。　上職官。

臣軌二卷

唐武后撰，其注未詳撰人。分《國體》、《至忠》、《守道》、《公正》、《匡諫》、《誠實》、《慎密》、《廉潔》、《良將》、《利人》十章。自鄭樵《通志》後無著録者。《四庫》未收。嘉慶初日本人活字印本。

牧津四十四卷

明祁承㸁編。天啟甲子刊。存目。

上官箴。

通典二百卷

唐杜佑撰。明嘉靖戊戌方獻夫刊。

福建市舶提舉司志一卷

明高問奇編。嘉靖乙卯刊。未收。

康濟譜二十五卷

明潘猶龍撰。崇禎庚辰刊。未收。

活民書拾遺一卷增補一卷

元張光大增，明朱熊補遺。蓋增補宋董煟書。舊刊。未收。

上邦計。

史通二十卷

唐劉知幾撰。明嘉靖乙未陸深刊于蜀中本。顧廣圻藏。初印精善。

小學史斷二卷

宋南宫靖一撰。明刊本。存目。

學史〔一〕十三卷

明邵寶撰。崇禎辛未刊附《簡端録》本。上史評。

〔一〕「學史」，原誤作「史學」，據《持靜齋書目》、《中國叢書綜録》乙正。

以上史部

鹽鐵論註十二卷

漢桓寬撰，明張之象註。嘉靖癸丑刊。存目。

中説十卷

隋王通撰。明世德堂刊。

中説考七卷

隋王通撰，明崔銑考。未收。

大學衍義補一百六十卷

明丘濬撰。明刊未有評點之本。

質孔説二卷

國朝康熙間崑山周夢顔撰。琳琅祕室活字本。未收。

蠹言四卷

國朝嘉慶間高密李詒經五星撰。宿遷王氏信芳閣活字本。上儒家。

兵録十四卷

明何汝寅撰。萬曆丙午刊。未收。上兵家。

農書十卷

元王禎撰。明萬曆末刊本，不足。上農家。

管子二十四卷

唐房玄齡注。明萬曆壬午趙用賢刊。

商子五卷

明刊。

韓非子二十卷

明趙用賢刊。

敬由編十卷

明合肥竇子偁爲刑部郎時編。録前代明君賢臣慎獄執法事。案：曰「敬由」者，取《書》「式敬爾由獄」之意。明萬曆辛亥刊。未收。上法家。

黄帝素問二十四卷

唐王冰注。明嘉靖庚戌顧從德覆刊宋本。佳。

難經集注五卷

明王九思等集吴吕廣、唐楊元操、宋丁德用、虞庶、楊康侯各家之説。《四庫》未收。嘉慶癸亥日本人活字印本。

傷寒九十論一卷

宋許叔微撰。《四庫》録其《本事方》，而此未收。其書列證論治，剖析甚精。世久無傳，惟張金吾愛日精廬有舊鈔，琳琅祕室以活字印行。

外臺祕要四十卷

明末刊本。

證類大全本草三十卷

宋唐慎微撰。明萬曆戊戌刊。

雞峯普濟方三十卷

宋張鋭撰。久無傳本，故《四庫》未收。道光戊子汪士鐘得南宋刊本，仿刊以行，猶缺四卷。

生生子赤水玄珠三十卷醫案五卷醫旨緒餘二卷

明孫一奎撰刊。上醫家。

四元玉鑑三卷

元燕山朱世傑漢卿撰。總二十四門，分二百八十八問，具開方、寔方、廉隅之數，用天元一術正負開方之法，又神而明之，算學一大家也。《四庫》未收。道光間甘泉羅士琳茗香撰《細草》，晰爲二十二卷刊之。上算學。

太玄經十卷附釋音一卷

漢揚雄撰，晉范望注。明刊本。

五行大義五卷

隋蕭吉撰。徵引祕緯，多亡逸之笈。《隋書·藝術傳》稱吉博學多聞，精陰陽術算，而不及此書。隋、唐《志》亦不録，今《四庫》亦未收。嘉慶己未，日本人乃以活字印行。知不足齋即因其本。上術數占候。

靈棋經二卷

題漢東方朔撰。晉顔幼明、宋何承天、元陳師凱、明劉基四家注解。明刊本。上占卜。

星學正傳二十一卷

明楊淙撰。首《總括圖》三卷，又《玉井奥訣》一卷，《玉照神經》一卷，末《圖説》。萬曆壬午自序刊。未收。

書譜一卷

唐孫過庭撰。明刊。

續書斷二卷

宋朱長文撰。明刊本。「長文既爲《墨池編》，以張懷瓘書自開元以來未有紀録，而唐初諸公亦或闕未立傳。用其例，掇所聞見，自唐興至本朝熙寧間以續之。熙寧七年八月自序。」《四庫》未收。上書畫。

明楊西峯琴譜八卷

明楊表正撰刊。表正有《琴譜大全》，入《存目》。此其别本也。上琴譜。

集古印譜五卷印正附説一卷

明秣陵甘暘撰。萬曆丙申序刊。未收。上譜録。

墨子六卷

周墨翟撰。舊十五卷，明茅坤刊本併之。

呂氏春秋二十六卷

秦呂不韋撰，漢高誘注。明天啟丁卯刊本。

化書六卷

南唐譚峭撰。明天啟張鵬舉刊。

金罍子上篇十二卷下篇十二卷

明陳絳撰。萬曆丙午刊。存目。

竇子紀聞類編四卷

明竇文照撰。萬曆庚辰刊。存目。上雜學。

文學正路三卷

今日本豐幹子卿撰。論讀經及諸子。題「享和辛酉增定」，當嘉慶六年。

演繁露十六卷續演繁露六卷

宋程大昌撰。明萬曆丁巳刊。

丹鉛總録二十七卷

明楊慎撰。嘉靖甲寅，其門人滇中梁佐台〔二〕爲福建僉事所刊。蓋即《提要》所謂「合諸録爲一編」，「除重複」，刊于上杭之書帕本也。藍印。

〔一〕嘉靖本作「梁佐應台校刊」。此「台」上脱「應」字。蓋梁佐字應台。

兩山墨談十八卷

明陳霆撰。嘉靖乙亥刊。存目。

上雜考。

魏公談訓十卷

宋蘇象先述其祖丞相頌遺訓。分二十類，三百餘條。《四庫》未收。道光十年始刊此本。

曲洧舊〔一〕聞

宋朱弁撰。刊本。顧廣圻以惠棟校勘過録。

〔一〕「舊」，原誤作「紀」，據《持靜齋書目》、《中國叢書綜録》改。

鶴林玉露十六卷

宋羅大經撰。明單刊本。

李竹嬾雜著十一種二十四卷

其《六研齋筆記》四卷、《二筆》四卷、《三筆》四卷，著録于雜家。其《紫桃軒雜綴》三卷、《又綴》三卷，入《存目》。于藝術又録《竹嬾畫媵》、《續畫媵》、《墨君題語》各一卷于《存目》。又有《禮白嶽記》一卷、《璽召録》一卷、《薊旋録》一卷，不收。

留青日札三十九卷

明田藝蘅〔一〕撰。萬曆初刊。存目。

〔一〕「蘅」，原誤作「衡」，據《持静齋書目》、《中國叢書綜録》改。

湧幢小品三十二卷

明朱國楨撰刊。存目。

戒菴老人漫筆八卷

明李詡撰。萬曆丁未刊。存目。

閑署日鈔二十二卷

明舒榮都輯。以德行、言語、政事、文學四科分編史事。天啟壬戌刊。未收。

説郛一百二十卷

明陶宗儀編。明刊。附《續説郛》四十卷，陶珽編，刊于國初。入《存目》。

歷代小史一百五卷

明豐城李栻編刊。存目。

上雜説。

堯山堂外紀一百卷

明蔣一葵撰。萬曆丙午刊。存目。

鹽邑志林六十二卷附聖門志六卷

明樊維城編刊。存目。

少室山房筆叢正集三十二卷續集十六卷

明胡應麟編。萬曆丙午刊。

顧氏文房小説四十種

明顧元慶編刊。存目。

增定古今逸史五十五種

明吴琯編刊。存目。

津逮祕書十五集百四十種

明毛晉編刊。存目。何焯朱筆校過。凡汲古閣所刊，以行本多，皆不録。此以何校録之。

上雜編。

古本蒙求三卷

後晉李瀚撰并注。《四庫》未收。嘉慶丙寅日本活字印本。

册府元龜一千卷

宋王欽若等奉敕撰。明刊本。

錦繡萬花谷前後續三集一百一十卷

宋淳熙時人編，未詳姓名。明刊本。

古今合璧事類備要前後續别外五集三百六十六卷

宋謝維新撰。明嘉靖丙辰錫山秦氏刊。

左氏蒙求一卷

元吴化龍撰。《四庫》未收。嘉慶辛酉日本人活字印本。

喻林一百二十卷

明徐元太撰。萬曆己卯刊。

萬姓統譜一百四十六卷附氏族博考十四卷

明凌迪知撰。萬曆己卯刊。

文林綺繡五種五十三卷

明凌迪知萬曆丁丑編刊。宋林越《兩漢雋言》十卷，迪知《左國腴詞》八卷、《太史華句》八卷、《文選錦字》二十一卷，張之象《楚騷綺語》六卷。並存目。

三才圖會一百六卷

明王圻撰刊。存目。

經濟類編一百卷

明馮琦撰。萬曆甲辰刊。

同姓名録十二卷補録一卷

明余寅撰。萬曆丁巳刊。

廣博物志五十卷

明董斯張撰。萬曆丁未刊。

廣類函二百卷

明俞安期編。萬曆癸卯刊。存目。

潛確類書一百卷

明陳仁錫撰刊。未收。

古儁考略六卷

明顧充撰刊。存目。

卓氏藻林八卷

明卓明卿撰。萬曆庚辰刊。存目。

五侯鯖十二卷

明彭儼撰刊。存目。

問奇類林三十五卷

明郭良翰編。萬曆己酉刊。未收。

上類書。

玉照新志六卷

宋王明清撰。明刊本。

水東日記三十八卷

明葉盛撰。明刊本。

偶記十卷

明鄭仲夔撰。朱謀㙔序之。《四庫存目》有仲夔《蘭畹居清言》十卷，而不及此。

上小說。

元中記一卷

晉郭璞撰。多記異聞。其書久亡。道光丙戌高郵茆泮林輯刊。

幽明録一卷

宋劉義慶撰。《四庫》未收。琳琅祕室活字本。

茅亭客話十卷

宋黄休復撰。琳琅祕室依宋本活字印。

道德會元二卷

元李道純撰。明弘治丁巳刊。未收。

老子翼三卷考異一卷莊子翼八卷闕誤一卷附録一卷

明焦竑撰。萬曆戊子刊。

莊子十卷

無注。明萬曆丁丑兩淮都轉刊于慎德書院。

莊義要删十卷

明孫應鼇撰。據所見説《莊》若干家，删存其要。萬曆庚辰刊于滇中。史志有，《四庫》未收。

解莊三卷

明陶望齡撰。郭明龍刊。存目。

周易參同契發揮三卷

宋俞琰撰。明宣德三年刊本。

以上子部

楚詞集註八卷辨證二卷後語六卷

宋朱子以王逸本重編而爲之註。明正德己卯沈圻重刊于休寧。

蔡中郎集六卷

漢蔡邕撰。明嘉靖戊申刊本。顧廣圻跋云：天順癸亥歐靜本十卷六十四篇，今爲六卷九十二篇，全屬嘉靖時俞憲、喬世寧所改。盧抱經《鍾山札記》云：歐本首篇是《橋太尉碑》。此十卷本猶勝六卷者。

曹子建集十卷

魏曹植撰。明汪士賢刊。

嵇中散集十卷

魏嵇康撰。明刊本。顧沅以明吴匏菴鈔本校。

支道林集二卷

晉支遁撰。近嘉慶乙丑僧寒石重刊明支硎山人本。未收。

鮑參軍集十卷

宋鮑照撰。明刊本。近周錫瓚以宋本校。

謝宣城集五卷

齊謝朓撰。明萬曆己卯宣城重刊。

陰何詩集二卷

梁陰鏗、何遜撰。明錢塘洪氏合刊。《四庫》收何集，陰集未收。

天台三聖詩集二卷

唐寒山子、豐干、拾得皆唐貞觀中台州僧也。宋淳熙己酉沙門志南編刊。明永樂丙申重刊。

雜詠二卷

唐李嶠撰。凡百二十首，即晁公武《志》《單題詩》一百二十詠也。此嘉慶己未日本人活字印本，較《全唐詩》所收爲足。

張曲江集十二卷

唐張九齡撰。萬曆甲申刊。

分類補註李太白集三十卷

唐李白撰。宋楊齊賢註，元蕭士贇删補。明許自昌刊。

杜律虞注二卷

元虞集註杜甫七言律詩。明楊士奇刊本。存目。

讀〔一〕杜詩愚得十八卷

明單復撰。宣德甲寅刊。存目。

王右丞詩七卷孟襄陽詩二卷

唐王維、孟浩然撰。宋劉會孟評點。明刊本。

顏魯公集十五卷補遺一卷年譜一卷附録一卷

唐顏真卿撰。明嘉靖二年錫山安氏刊。

郎君胄詩集六卷

唐郎士元撰。明正德戊寅刊。未收。

韓昌黎集四十卷外集十卷

明萬曆丙辰游居敬刊于寧國。無注。

〔一〕「杜」上原脱「讀」字，據《中國古籍善本書目》、《四庫全書總目》補。

韓昌黎詩集註十一卷年譜一卷

國朝顧嗣立撰刊。未收。此本有朱筆、黄筆評點，皆可味。卷中有徐天麟、申涵光、陳邦彦、萊孝諸人印，未知出誰手。

韓昌黎詩集

無註。刊本。顧沅以朱筆録汪琬、墨筆録何焯兩家評點。

校正音釋柳先生集四十三卷別集二卷外集二卷附録一卷

唐柳宗元撰。明刊以宋童宗説註釋、張敦頤音辨、潘緯音義合編之本。有「隴西世家」印。

濟美堂柳河東集註四十五卷外集二卷龍城録二卷附録二卷集傳一卷後序一卷

亦宋人以韓醇音註合童、張、潘諸家音註編輯之本。明嘉靖中吴郡郭雲鵬刊。世以配東雅堂韓文，然不及遠甚。或謂其本亦出宋之世綵堂，莫能質也。有虞山景氏家藏印。

孟東野集十卷

唐孟郊撰。明嘉靖丙辰無錫秦禾刊本。又嘉靖己未商州刊。蔣重光、顧沅經藏。商州本高照藏。

李衛公集二十卷外集四卷别集十卷

唐李德裕撰。明刊本。

昌谷集五卷

唐李長吉撰。明徐渭、董懋策批註本。

劉復愚集六卷

唐劉蜕撰。按：蜕集名《文泉子》，本十卷，已散佚。明天啟甲子吴甜編刊此本。《四庫》據者，崇禎庚辰韓錫所編，云「僅得一卷」，而不及此本。

孫可之集十卷

唐孫樵撰。明正德乙丑王鏊依文淵閣宋本録出付刊。鏊論學古文必宗昌黎，學昌黎當取徑韓門李習之、皇甫持正及後來能傳韓法之孫可之，先後于内府録出刊行。今傳本亦罕覯。

皮子文藪十卷

唐皮日休撰。明正德庚辰袁邦正仿宋本。

甫里集十九卷

唐陸龜蒙撰。明萬曆癸卯刊。

小畜集三十卷

宋王禹偁撰。此刊本，蓋《提要》所謂近刊。其外集七卷，尚未見刊本。

宋景文公集殘本三十三卷

宋宋祁撰。原一百五十卷，此殘本。卷十六至二十、卷二十六至三十二，并律詩。卷八十一至八十五，表狀。卷九十六至九十九，序説述論。百一二，雜文。百七，行狀。百十八至廿五，啟狀。頗多《永樂大典》本未載之篇。嘉慶庚午日本人以活字印行。

傳家集八十二卷

宋司馬光撰。明崇禎刊本。

周元公集三卷

宋周敦頤撰。明初濂溪書院本最佳。又一嘉靖刊本，十七卷，徒增益附録，未大于本。

文忠集一百五十三卷附録五卷

宋歐陽修撰。明萬曆壬子刊。

歐陽文粹二十卷

宋陳亮編。明萬曆丁未刊。有老輩朱筆點抹評。

元豐類稿五十卷附録一卷

宋曾鞏撰。明成化庚寅刊。

臨川集一百卷

宋王安石撰。明嘉靖庚申撫州何氏覆元刊本。

東坡集四十卷

宋蘇軾撰。明嘉靖十三年江西布政司刊七集之一。

尹和靖集十卷

宋尹焞撰。明嘉靖庚寅刊。

吴文肅公集二十卷附録二卷附棣華雜著一卷

宋吴儆撰。《四庫》本題《竹洲集》。《雜著》則其兄俯之文。明萬曆甲辰刊。

崔舍人玉堂類稿二十卷西垣類稿二卷玉堂附録一卷

宋崔敦詩撰。字大雅。常熟人。紹興進士，官至中書舍人。《類稿》皆孝宗時制誥、口宣等。《宋志》亦有此稿，而以爲周必大撰。或益公集初編亦有此名。若此集中文，則皆益公集所無也。諸家書目惟菉竹堂有之，明中葉後則無聞矣。嘉慶丁卯，日本人始以活字印行。《四庫》未收。

江湖長翁集四十卷

宋陳造撰。明萬曆戊午刊。

方鐵菴文選六卷

宋方大琮撰。其集著録《四庫》，三十七卷。未見刊本。惟此選萬曆八年刊。

滄浪先生吟卷三卷

宋嚴羽撰。明正德丁丑李堅刊。《四庫》録者二卷。此蓋並《詩話》編之。

文文山集十六卷

宋文天祥撰。明嘉靖庚申張元裕〔一〕重編刊。

〔一〕「裕」，《中國古籍善本書目》作「諭」。

魯齋遺集十二卷

宋王柏撰。明崇禎壬申刊。

遺山集四十卷附録一卷

金元好問撰。錫山華氏刊。

雁門集十四卷附録一卷别録一卷

元薩〔一〕都拉撰。《四庫》依汲古本三卷。此本今嘉慶中其諸孫龍光所注，較爲足本。

〔一〕「薩」，原誤作「薛」，據《持靜齋書目》、《中國古籍善本書目》改。

南海百詠一卷

元方信孺孚若撰。刊本。未收。

丁鶴年集四卷

元丁鶴年撰。《四庫》本一卷，《藝海珠塵》本三卷，亦不足。此琳琅祕室據愛日精廬影鈔元刊本活字印。一卷《海巢集》，二《哀思集》，三《方外集》，四《續集》。附。

誠意伯文集二十卷

明劉基撰。嘉靖丙辰刊。

陶學士集二十卷

明陶安撰。弘治十二年刊。

槎翁文集十八卷

明劉崧撰。士禮居藏明刊本。《四庫》録其詩八卷，而其文八卷入《存目》，蓋據分刻之本。此又其彙刻者。

羅川剪雪詩一卷

明弘治庚戌，陝西真寧學官强晟，詠雪中故事刊之。未收。

王文恪集三十六卷

明王鏊撰。董其昌校刊本。絶精善。後附王禹聲《鵑音》一卷。《四庫》本題《震澤集》。

方簡肅文集十卷附録一卷

明方良永撰。明刊本。

祝氏集略三十卷

明祝允明撰。明刊。頗佳。《四庫》本題《懷星堂集》。

穀[一]菴集選十卷附録二卷

明姚綬撰。英宗時人。附《東齋稿》一卷，綬孫惟芹撰。嘉靖中刊。未收。

[一]「穀」，原誤作「轂」，據《持静齋書目》、《中國叢書綜録》改。

陽明先生集要三編十五卷年譜一卷

明王守仁撰。分《理學》四卷、《經濟》七卷、《文章》四卷。明人摘編刊本。

居夷集三卷

明王守仁撰。乃其謫龍場時詩文。《全書》中無此目，蓋明時單刊之本。頗善。未收。

莊渠遺書十六卷

明魏校撰。嘉靖癸亥刊。《四庫》本十二卷。

周恭肅集十六卷

明周用撰。嘉靖中刊。存目。

顧文康公文草十卷詩草六卷續稿五卷三集五卷疏草二卷

明顧鼎臣撰。明刊。《四庫》收其《未齋集》二十二卷，入《存目》，不分詩、文，蓋別一本。

考功集十卷附録一卷

明薛蕙撰。明刊。

遵巖集二十五卷

明王慎中撰。刊本。

唐荆川文集十八卷

明唐順之撰。刊本。

震川文集三十卷別集十卷

明歸有光撰。刊本。

雅宜山人集十卷

明王寵撰。嘉靖丙申刊。存目。

袁禮部詩二卷

明袁衮撰。嘉靖中刊。未收。

松溪集十卷

明程文德撰。隆慶初刊。存目。

張文忠集十九卷

明張孚敬撰。萬曆乙卯刊。存目。

董中峯文集

明董玘撰。唐順之選。王國楨刊。未收。

弇州山人四部稿一百七十四卷續稿二百七卷

明王世貞撰刊。

夏桂洲集十八卷

明夏言撰。明刊。存目。

蛾蠓集五卷

明盧柟撰。刊本。

祐山文集十卷

明馮汝弼撰刊。存目。

馮北海集四十六卷

明馮琦撰。萬曆中刊。未收。

來禽館集二十九卷

明邢侗撰。萬曆戊午刊。存目。

金粟齋文集十一卷

明金瑶撰。萬曆丙辰刊。存目。

願學集八卷

明鄒元標撰。萬曆己未刊。

墨井詩抄二卷三巴集一卷畫跋一卷

明吴歷撰刊。未收。

循滄集二卷

明姚希孟撰。文震孟序刊。未收。

突星閣詩鈔五卷

明王畿孟穀撰刊。未收。

七録齋文集六卷詩集三卷

明張溥撰刊。未收。

浪齋新舊詩一卷

明徐波撰。未收。

考槃集六卷

明趙宧光之妻陸卿子詩。明刊本。未收。

絡緯吟十二卷

明吴范允臨之室徐媛小淑氏撰。萬曆癸卯刊。未收。

趙忠毅公集二十四卷

明趙南星撰。崇禎戊寅刊。未收。

孫文正公續集二卷

明孫承宗撰。刊本。未收。

倪鴻寶應本十七卷

明倪元璐撰。《四庫》録其集亦十七卷，及續編等二十三卷，而無此名。此殆其初刊本。

陳忠裕全集三十卷

明陳子龍撰。王昶校刊。未收。

賜誠堂文集十六卷

明管紹寧撰。刊本。未收。

葛瞿菴遺集四卷

明丹陽葛麟蒼公撰。崇禎壬午舉人。順治二年死難。活字本。未收。

吴節愍公遺集二卷

明吴易撰。字日生。道光癸巳刊。未收。

張别山遺稿一卷

明張同敞遺詩。道光癸卯漢臯青霞閣刊。未收。

宫詞紀事二卷

題東吴鶴樵錢位坤撰。上卷北都五十首，下卷南都五十首。刊本。序稱「乙酉嘉平」，則我大清順治二年也。

文館詞林殘本四卷

唐許敬宗等奉敕編。原一千卷，今存卷六百六十二、詔征伐下。六百六十四、詔撫邊一。六百六十八、詔赦宥四。六百九十五。令下移都等十一事。嘉慶初日本人活字印本。曾以校《曹子建集》，可補數篇。

文苑英華一千卷

宋李昉等奉敕編。明刊。

元文類七十卷目録三卷

元蘇天爵編。明萬曆中刊。

古賦辨體八卷外集二卷

元祝堯編。明成化丙戌刊。

唐詩品彙九十卷拾遺十卷

明高棅編刊。

元詩體要十四卷

明宋緒編刊。

新安文獻志一百卷

明程敏政編刊。

文翰類選大成一百六十三卷

明李伯璵、馮原同編。成化壬辰刊。存目。

半山集一卷

明盧江丁繼仁于所居銅山結亭，曰半山，集名人賦詠以成此卷。弘治元年刊。未收。

春秋詞命三卷

明王鏊輯。正德丙子刊。存目。

文編六十四卷

明唐順之編。天啟時刊。

三蘇文範十八卷

明楊慎選編宋蘇洵及二子之文刊本。存目。

古今詩刪三十四卷

明李攀龍編刊。

名世文宗十六卷

明王世貞編。陳繼儒註刊。未收。

中原文獻集二十四卷

明焦竑編刊。存目。

古樂苑五十二卷

明梅鼎祚輯刊。

古文品外録二十四卷

明陳繼儒編刊。存目。

兩漢書疏十三卷

明豐城李瑄輯刊。未收。

漢魏六朝百三名家集一百十八卷

明張溥編。原刊本。

東漢文二十卷

明張采受先編刊。未收。

簫臺公餘詞一卷

宋姚述堯撰。刊本。未收。

以上集部

持靜齋藏書記要卷之下

鈔本

周易要義十卷

宋魏了翁撰。其《九經要義》之一也。第一卷分上、中、下，二卷至七分上、下。又有八子卷。世無刊本。

周易本義通釋十卷附輯録雲峯易義一卷

元胡炳文撰。是書《四庫》本十二卷，卷數不同。然其書僅存上、下經。其十翼，則明時裔孫珙玠雜拾他書引雲峯説所補，歧異或由于此。今惟行通志堂本，得舊鈔亦資校勘。曝書亭舊藏本。

讀易考原一卷

元蕭漢中撰。依閣鈔本。

周易圖説二卷

元錢義方撰。依閣鈔本。

卦變考略一卷

明董守論撰。依閣鈔本。

周易旁註四册

明朱升撰。舊鈔本。《四庫存目》收其《圖説》二卷，謂其書原本十卷，冠以《圖説》二篇，逸其註而僅存《圖説》。此本一册爲《圖説》，餘三册爲註，蓋猶是全書。

半農易説稿本一卷

國朝惠士奇撰。《四庫》本六卷。此其未成手稿也。首有紅豆書屋印。

尚書集傳纂疏六卷書序纂疏一卷

元陳櫟撰。明祁氏澹生堂舊鈔本。

詩序二卷

依閣鈔本。

詩總聞二十卷

宋王質撰。明祁氏澹生堂舊鈔本，末有淳熙癸卯吴興陳日强刊成跋。蓋依宋式過録。可校正聚珍本。

研溪先生詩説稿本一卷

國朝惠周惕撰。《四庫》本三卷。此卷與《半農易説》一卷同册，蓋其所録未定稿也。

内外服制通釋七卷

宋車垓撰。依閣鈔本。其書本九卷。嘗見舊鈔，具後二卷細目，特有録無書耳。

月令解十二卷

宋張虙撰。依閣鈔本。

禮經類編三十卷

明李經綸撰。舊鈔本。《四庫存目》「經」作「記」。

家禮儀節八卷

明丘濬撰。鈔本。存目。

春秋五禮例宗七卷

宋張大亨撰。依閣鈔本。凡世無刊本，藏書家皆據閣本鈔存。今東南三閣，僅文瀾舊儲得杭人丁丙掇拾，存十二三，殘脱無緒。揚、鎮兩閣竟燹毁無一紙。凡曩昔傳鈔，彌加珍祕，此類是也。又一本，似舊鈔，有曹溶印，並題識，乃襲《提要》中《永樂大典》載此書已佚軍禮之説。在國初時尚未知檢《大典》以校古書。其爲舊鈔或鈔閣本，不可知。其題識則僞作也。

春秋比事十七卷

宋沈棐〔一〕撰。依元刻舊鈔。周春藏本。

〔一〕「棐」，原誤作「裴」，據《持靜齋書目》、《中國叢書綜録》改。

春秋分紀九十卷

宋程公説撰。於説《春秋》家最爲淹貫。世無刊本。此張金吾月霄所藏舊鈔，載其《愛日精廬藏書志》中者。

春秋講義四卷

宋戴溪撰。依閣鈔《永樂大典》本。卷各分上、下，寔八卷。

春秋長歷四卷

國初陳厚耀撰。舊鈔本。

九經辨字瀆〔一〕蒙十二卷

國初沈炳震撰。依閣鈔本。是書《四庫》依鈔本著録，未見刊本。

〔一〕「瀆」，原誤作「讀」，據《持靜齋書目》、《中國叢書綜録》改。

讀四書叢説四卷

元許謙撰。鈔本。

四書留書六卷

明章世純撰。鈔本。

皇祐新樂圖記三卷

宋阮逸、胡瑗奉敕撰。舊鈔大字本。卷末有「皇祐五年十月初三日奉聖旨開板印造」兩行，乃依影宋舊鈔傳摹者。後有嘉熙己亥伯玉跋、元天曆四年吴壽氏跋、明萬曆三十九年常清道人跋，皆記借録原委。

樂書二百卷

宋陳暘撰。鈔本。是書宋慶元刊，後有元至正、明鄭世子、張溥三刊，然傳本不多。此依元本過録。

琴譜六卷

元熊朋來撰。依閣鈔本。

韶舞九成樂補一卷

元余載撰。依閣鈔《永樂大典》本。

鐘律通考六卷

明倪復撰。鈔本。

説文解字篆韻譜五卷

南唐徐鍇撰。舊鈔本。是書世無佳刻，舊鈔亦資校勘。

佩觿三卷

宋郭忠恕撰。舊鈔本。是書自康熙時張士俊刊本外，又有仿宋非一。此本秀水朱氏潛采堂舊藏，當即士俊所據之本。

俗書刊誤十二卷

明焦竑撰。依閣鈔本。

經子難字二卷

明楊慎訂釋。舊鈔本。存目。

切韻指掌圖二卷附檢例一卷

宋司馬光撰。依閣鈔本。

九經補韻〔二〕一卷

宋楊伯嵒撰。鈔本。

〔一〕「補韻」，原誤作「韻補」，據《持靜齋書目》、《中國叢書綜録》乙正。

柴氏古今通韻八卷

國朝柴紹炳撰。舊鈔。存目。

以上經部

五代史記纂誤三卷

宋吴縝撰。依閣鈔《永樂大典》本。

皇王大紀八十卷

宋胡宏撰。依明萬曆閩刊鈔本。

續資治通鑑長編一百八卷

宋李燾撰。舊鈔本。是書《四庫》本五百二十卷，乃依《永樂大典》鈔輯其先後所進諸本合編之。此則其乾道四年所進建隆元年至治平四年閏三月五朝事迹之本也。藏家鈔傳皆僅此本。《四庫》本嘉慶己卯昭文張氏以活字印行，齋中亦有之。

宋十朝綱要二十五卷

宋眉山李𡌴編。始太祖，至高宗。每朝首列年號、皇后、公主及宰相、參知政事、樞密使、樞密副使、使相、三司使、學士、舍人院、御史中丞人名，及進士何人、榜人數，及外改廢置州府，及誕節神御殿名，然後按年紀事。《四庫》未收。

明穆宗實録七十卷

舊鈔本。《四庫》不收。

皇明大政記三十六卷

明雷禮撰。舊鈔本。起洪武，至正德六年。《四庫》存目者二十五卷。

國榷二十卷

國初談遷撰。《明史》及《千頃堂書目》載此書百卷。此僅崇禎一朝附以福藩耳。《四庫》不收。

通鑑紀事本末補

殘鈔本四册。題國子監學正王延年撰。首册又點易其銜爲翰林院侍讀，蓋其後所晉官，其成書時尚學正也。一册始于魏大三晉，四册止于鄧后臨朝，凡廿九事。如桑孔興利、兩漢崇學等，亦足補袁書之遺。而瑣細標目者，多或袁書已載而别目複見。陳鱣藏。

通鑑紀事本末補後編五十卷

國朝張星曜撰。字紫臣，仁和人。以袁氏《本末》未有專紀崇信釋老之亂國亡家以爲篇者，乃雜引正史所載，附以稗官雜記及諸儒明辨之語，條分類集，以爲此書。其紀歷代佛氏之亂，曰《歷代君臣奉佛之禍》四卷，曰《佛教事理之謬》十卷，曰《佛徒縱惡之禍》五卷，曰《儒釋異同之辨》五卷，曰《儒學雜禪之非》十卷，曰《歷代聖賢君臣闢佛之正》七卷。紀歷代老氏之亂，曰《歷代君臣求仙奉道之禍》三卷，曰《道教事理之謬》二卷，曰《道士縱惡之禍》一卷，曰《儒老異同佛老異同之辨》二卷，曰《歷代君臣聖賢闢老之正》一卷。古之闢異端者多矣，未有如此之專心致志者。得此總彙，亦易爲明晰。自序題「康熙庚午」，此其手稿也。唯其書不專紀事，多録辨論之語，亦與書題不合。若芟其繁蕪，爲雜家子書之一種，則大善矣。

建炎筆録三卷

宋趙鼎撰。舊鈔本。記自建炎三年正月車駕在維揚起，訖于紹興七年十二月十二朝辭上殿，本末粲然。《四庫》未收。

辨誣筆録一卷

宋趙鼎撰。舊鈔本。辨謝祖信論其嘗受張邦昌僞命，辨王次翁論其乾没都督府錢，辨資善堂汲引親黨數事，皆秦檜忌惡所誣，足與史傳相發明。《四庫》未收。

北行日録八卷

舊鈔本。以宋人《北狩行録》、《竊憤録》、《竊憤續録》三種合編之者，明汪梅也。《北狩録》，蔡絛撰。《竊憤録》，不著撰人。並存目。

建炎復辟記

宋人撰。失其名。舊鈔本。存目。

太平治迹統類前集三十卷

宋彭百川撰。依閣鈔本。

襄陽守城録一卷

宋趙萬年編。舊鈔。存目。

辛巳泣蘄録

宋趙與褰撰。舊鈔。存目。

焚椒録一卷

遼王鼎撰。錢曾藏。明人舊鈔本。有錢牧齋跋。存目。

金國南遷録一卷

金張師顔撰。舊鈔。存目。

廷樞〔一〕紀聞二十册

存十二册。題「臣于謙私編」。始正統七年，至十四年。秀水陸維垣舊藏，稱其條分縷晰，謹嚴有法，蓋當時實録。後顧沅經藏。《四庫》未收。

〔一〕「廷樞」，原誤作「樞廷」，據《持靜齋書目》、《中國古籍善本書目》乙正。

三朝聖諭録三卷

明楊士奇撰。舊鈔。存目。

姜氏祕史四册

明姜清撰。惠棟藏舊鈔本。《存目》僅一卷。

革除遺事節本六卷

明黄佐撰。正德庚辰序。舊鈔。存目。

宣靖備史四卷

明陳霆聲伯撰。嘉靖癸卯自序。鈔本。未收。

酌中志二十三卷

明宫監劉若愚撰。所記始萬曆慎册立，至崇禎誅逆賢諸事，亦偶及于邊防，餘皆宫闈瑣事。其第十八卷載監中經籍板目及印釋、道兩藏紙墨工料，亦資考核。《四庫》未收。又寫本《明宫史》五卷，亦題若愚撰。蓋即《酌中志》不足之本而易其名。其《内板經書紀略》爲末卷，而《志》在十八可知矣。《四庫·政書》亦録《明宫史》五卷，而題蘆山赤隱呂毖校次，蓋即若愚書而毖校之耳。豈五卷本即毖所摘録耶？

酌中志餘一厚册

鈔本。不題編人。其自識云：編《酌中志》既竣，篋中有昌、啟、禎三朝紀載之堪與兹志發明者，曰《東林點將録》，王紹徽。曰《東林朋黨録》，曰《東林同志録》，曰《東林籍貫》，曰《盜柄東林夥》，曰《天鑒録》，上五種未詳撰人。曰《夥壞封疆録》，昭陽魏應嘉。曰《欽定逆案》，曰《天啟宫詞》，虞山陳悰。曰《擬故宫詞》，毘陵唐宇昭。凡十種合編之，而題以《志餘》。然則編者亦劉若愚也。其前七種俱見《四庫傳記〔一〕類存目》，而《志餘》不收。

〔一〕「傳記」，原誤作「記傳」，據《四庫全書總目》乙正。

三朝野記七卷

題江上遺民李遜之輯。記昌、啟、禎三朝事。舊鈔本。《四庫》不收。

四朝野乘十三卷

未詳撰人。鈔本。闕前五卷，僅卷六至十三之《啟禎紀聞録》八卷。《四庫》不收。

啟禎紀聞録八卷

鈔本。蓋國初吴人撰。疑即前書。不收。

談往一册

題花村看行[一]侍者偶録。其七篇爲《説鈴》已刻，即《四庫存目》之「一卷」。此本七篇已校《説鈴》本加詳。其三十四篇俱未刻者，其末言西湖居止，蓋杭州人。舊鈔本。

[一]「看行」，原誤作「行看」，據《四庫全書總目》、《中國叢書綜録》乙正。

明初羣雄事略八册

國朝錢謙益撰。記明太祖開創削平、揭竿同起諸人事。猶其在明時編也。舊鈔本。《四庫》不收。

甲申野史彙鈔四十一卷

國朝全祖望輯。舊鈔本。其子目則毛霦《平叛記》二卷，無名氏《圍城日記》十卷，顧苓《金陵野鈔》十四卷，《難臣紀略》一卷，錢名世《四藩本末》四卷，陳盟《閣臣事略》一卷，楊陸榮《殷頑録》六卷，吴應箕《剥復録》六卷，吴嶽《清流摘鏡》六卷。《四庫》不收。惟《平叛記》入存目。上雜史。

左史諫草一卷

宋吕午撰。依閣鈔本。

商文毅疏稿略一卷

明商輅撰。依閣鈔本。

關中奏題稿十卷

明楊一清撰。舊鈔。《四庫》本題《關中奏議》。

周忠愍奏疏二卷

明周起元撰。依閣鈔本。上奏疏。

李相國論事集六卷

唐蔣偕編。依閣鈔本。

紹陶録二卷

宋王質編。舊鈔本。

象臺首末五卷

宋胡知柔撰。依閣鈔本。

宋陳少陽先生盡忠録八卷

明正德乙亥鄞陳沂〔一〕魯南編。載宋陳東上書，而先以像、狀、傳，附以詔敕、哀挽、題跋，末卷爲雜詠、遺稿。楊一清爲之序。《四庫》録《少陽集》十卷，其半爲附録，而未收此。上傳記名人。

〔一〕「沂」，原誤作「次」，據《中國古籍善本書目》改。

廉吏傳二卷

宋費樞撰。舊鈔本。

草莽私乘一卷

明陶宗儀撰。鈔本。存目。

吴乘竊筆一卷

未詳撰人。記宋至明萬曆三十人。鈔本。未收。

南忠記一册

舊鈔本。紀明末殉難諸人。自序題庚寅孟夏逸史氏錢肅潤，則我朝順治七年也。未收。

上傳記總録。

安禄山事迹三卷

唐姚汝能撰。鈔本。存目。

上傳記别録。

五國故事二卷

宋初人撰。失其名。鈔本。

九國志十二卷

宋路振撰。張唐英補。久無傳本。嘉慶間儀徵阮氏得曲阜孔氏舊鈔殘帙，凡列傳百三十六篇，編爲十二卷進呈。此嚴杰書福樓所依鈔也。

黑韃事略一卷

宋彭大雅撰。依明茶夢道人姚咨録本過鈔。未收。

後梁春秋二卷

明姚士粦撰。舊鈔。存目。　上載記。

越史略三卷

不著名氏。蓋安南國人撰。依閣鈔本。

東國史略六卷

不著名氏。蓋朝鮮人撰。舊鈔本。每卷各分上下。《四庫》本題《朝鮮史略》。　上載記附録。

歷代宮殿名一卷

宋李昉撰。《直齋書録》載之，《四庫》未收。舊鈔精本。　上地理宮殿名。

元和郡縣圖志四十卷

唐李吉甫撰。舊鈔密行。失其圖。

元豐九域志十卷

宋王存撰。依宋本鈔。曹寅舊藏。

上總志。

方輿勝覽七十卷

宋祝穆撰。鈔本。

吴郡圖經續記三卷

宋朱長文撰。黄丕烈藏舊鈔善本，顧廣圻以《演繁露》易之者也。

乾道臨安志三卷

宋周淙撰。吴翌鳳鈔本。

海鹽澉水志八卷

宋常棠撰。依閣鈔本。

淳祐玉峯志三卷續志一卷

宋陽羨淩萬頃、陳留邊實同撰，實又續之。條理簡核，爲考崑山文獻最古之書。士禮居依明祝允明寫本過録。《四庫》未收。

咸淳毗陵志三十卷

宋四明史能之因宋慈未成之稿續撰。汪士鐘藏舊鈔本。《四庫》未收。

齊乘六卷

元于欽撰。依元本舊鈔。畢瀧藏。黄丕烈校。

至大金陵志十五卷

元張鉉撰。依閣鈔本。

滇略六卷

明謝肇淛撰。舊鈔本。《四庫》本十卷。上都會郡縣。

黔書二卷

國朝田雯撰。鈔本。《四庫》附其《古歡堂集》下。

東南防守利便三卷

題「宋右迪功郎江南東路安撫使司準備差遣臣陳克、左宣教郎添差通判建康軍府提舉圩田臣吴若同進」。首有吕祉[一]進此書繳狀。寫本。存目。

〔一〕「祉」，原誤作「址」，據《四庫全書總目》改。

鄭開陽雜著十一卷

明鄭若曾撰。依閣鈔本。

温處海防圖略一卷

明蔡逢時撰。《存目》二卷。

秦邊紀略五卷

國初人撰。失其姓名。舊鈔本。《存目》四卷。上邊防。

赤松山志一卷

宋倪守約撰。依閣鈔本。

汴京遺蹟志二十四卷

明李濂撰。上古迹。

石湖志略一卷文略一卷

明盧襄撰。存目。

歷代山陵考一卷附記事一卷

明王在晉撰。存目。

柳邊志紀略二卷

題山陰耕夫楊大瓢著。乃出塞記遼、金遺迹。國初康熙間人。未收。上雜記。

益部談資三卷

明何宇度撰。

雲山日記四卷

元郭天錫撰。依知不足齋本鈔。天錫《退思集》不傳，唯此《記》從真迹録出。未收。附遊記。

神明境二卷

題玉蟾館主人摘録。乃節鈔《水經注》中奇境。鈔人未詳。徐子晉藏。上外紀。

真臘風土記一卷

元周達觀撰。

宋宰輔編年録二十卷

宋徐自明撰。

作邑自箴十卷

宋李元弼持國撰。政和丁酉待次廣陵自序謂：「剽聞鄉老先生論爲政之要，得一百三十餘説，從而著成規矩，述以勸戒，又幾百有餘事。置之几案，可以矜式。」明人影宋鈔本，錢穀又以宋本覆校。末卷末頁有「淳熙己亥浙西提刑司刊」二行，又有康熙丙寅陸貽典題字。是書《宋志》失載，《直齋書録》有之，明及國初人書目猶著録。《四庫》未收。上職官。

西漢會要七十卷

宋徐天麟撰。依閣鈔本。又一寫本《西漢貫制叢録》，亦七十卷，題宋紹熙十五年袁應詳撰進。核之，即天麟書。蓋作僞以欺售者。附訂于此。

五代會要三十卷

宋王溥撰。舊鈔本。第一卷揭銜云：推忠協謀佐理功臣光禄大夫守司空兼門下侍郎同中書門下平章事監脩國史上柱國太原郡開國公食邑一千户食實封四百户臣某。每卷首皆出本卷細目，猶是此書元式。

上政書典禮。

大唐開元禮一百五十卷

唐蕭嵩等奉敕撰。

太常因革禮一百卷

宋歐陽修等奉敕編。歐公志老泉墓，所謂太常修撰建隆以來禮書，乃以霸州文安主簿食其禄同修者也。傳鈔本。原闕五十一至六十七凡十七卷。《四庫》未收。

大金德運圖說一卷

金貞祐二年尚書省集議之案牘。依閣鈔本。

素王紀事一册

明傅汝楫校。記文廟典章。舊鈔。未收。

河東鹽法考一卷陝西靈州鹽法考一卷廣東鹽法考一卷
舊鈔。不詳撰人。蓋明人記鹽政備史稿之書。當不止此。未收。上政書邦記。

遂初堂書目一卷
宋尤袤撰。

國史經籍志六卷
明焦竑撰。存目。

絳雲樓書目一册
國朝錢謙益撰。毛晉藏鈔本，録陳景雲校勘。不收。

汲古閣家塾藏板目録一卷
無編人。

千頃堂書目三十二卷
國朝黄虞稷撰。又一部。

述古堂藏書目題詞一册
國朝錢曾手稿。蓋即其《讀書敏求記》未編類之初本也，有可補趙、阮兩刻之遺者十許條。

毘陵經籍志四卷

國朝盧文弨編。

鑑止水齋書目一册

國朝許宗彦撰。

集古録十卷

宋歐陽修撰。舊鈔本。何義門所校。甚精。

寶刻類編八卷

宋人撰，失其名。依閣鈔《永樂大典》本。

碑藪一卷

明陳鑑撰。依明嘉靖壬戌鈔本過録。未收。

求古録一卷

國朝顧炎武撰。

天下碑刻目録一册

國朝林侗撰。《四庫》收侗《來齋金石考》三卷，當即此編。

瘞鶴銘考一卷

國朝汪士鋐撰。存目。

括蒼金石志十二卷

國朝道光中嘉興李遇孫輯。

扶風縣石刻記二卷興平縣金石志一卷

國朝黃樹穀輯。近錢塘人。

上目録金石。

三國雜事二卷

宋唐庚撰。

經幄管見四卷

宋曹彥約撰。依閣鈔《永樂大典》本。

類編皇朝大事記講義二十四卷

舊鈔本。宋呂中撰。《四庫》本二十三卷。

舊聞〔一〕證誤四卷

宋李心傳撰。依閣鈔本。

〔一〕「聞」，原誤作「文」，據《持靜齋書目》、《中國叢書綜録》改。

宋紀受終考三卷

明程敏政撰。專辨燭影斧聲事。存目。

歷代正聞考十二卷

明沈德符撰。舊鈔本。未收。

以上史部

子思子一卷

宋汪晫〔一〕編。依閣鈔本。

〔一〕「晫」，原誤作「倬」，據《持靜齋書目》、《中國叢書綜録》改。

麗澤論説集録十卷

宋呂祖謙之姪喬年編集祖謙之語。舊鈔本。

毋欺録一卷

國朝崑山朱用純柏廬撰。未收。

幼學日記三册

國朝嚴我斯編。類記嘉言，間亦附以己說。未收。上儒家。

握機經輯注圖說二卷

題海昌程〔一〕道生可生編。舊鈔本。

〔一〕「程」，原誤作「陳」，據《持靜齋書目》、《中國叢書綜録》改。

三略直解三卷

明劉寅撰。依閣鈔本。

兵要望江南詞一卷

題唐李靖撰。分三十六占法。依明天啟二年蘇茂柏校本過鈔。《四庫提要》有《兵要望江南詞》一卷，謂「《崇文總目》題武安軍左押衙易靜撰」，晁氏《志》亦載之，云靜「蓋唐人」，當即一書。此妄改李靖耳。

陣紀四卷

明何良臣撰。

救命書一卷

明呂坤撰。守城事宜也。

廣救命書一卷

明崇禎戊寅仙遊唐顯悦撰。未收。

車營圖制一卷車營百八叩一卷

明孫承宗撰。不收。

水師輯要二卷

國朝陳良弼撰。未收。

多稼集二卷

國朝道光間奚名未詳。子明撰。上卷曰《種田新法》，下卷曰《農政發明》。丁未冬嵇文煒序。上農家。

鄧析子一卷

周鄧析撰。依閣鈔本。上法家。

素問六氣玄珠密語十卷

唐王冰撰。舊鈔本。按：是書《道藏》本十七卷，《四庫》存其目于術數家。晁公武《志》録此書十卷，與此本合，蓋猶宋人舊編。其十七卷本特以全書三十論，多增卷帙耳。其書推演五運六氣，蓋以專明

《素問》「氣運爲治病之要」之説。後來劉温舒《素問入式論奥》亦發明斯旨。

本事方十卷補遺三卷

宋許叔微撰。《四庫》本題《類證〔一〕普濟本事方》。其《補遺》，國朝乾隆初毛德宏據他醫書引叔微説編之。考叔微有《傷寒九十論》，並列治方。德宏所採拾，不必是《本事》所有，故庫本無之。

〔一〕「類證」，原誤作「證類」，據《四庫全書總目》改。

衛濟寶書二卷

宋東軒居士撰。依閣鈔《永樂大典》本。

太醫局程文格九卷

皆南宋考試醫學之文。依閣鈔《永樂大典》本。《提要》未詳編人，云「世亦別無傳本」。而此鈔每卷題「宋何大任編」，不知所據。

產育寶慶集方二卷

宋人撰，失其名。依閣鈔《永樂大典》本。

集驗背疽方一卷

宋李迅撰。依閣鈔《永樂大典》本。

濟生方八卷

宋嚴用和撰。依閣鈔《永樂大典》本。

産寶諸方一卷

宋人撰，失名氏。依閣鈔《永樂大典》本。

推求師意二卷

明戴原禮撰。嘉靖甲午汪機序。

温疫論二卷補遺一卷

明吴有性撰。依閣鈔本。

廣温疫論五卷

國朝康熙間上元戴天章麟郊撰。《四庫》未收。

本草綱目拾遺十卷

明末[一]錢塘趙學敏恕軒撰。舊鈔本。拾李時珍之遺。首又有《正誤》一卷。自序題「庚寅仲春」。考時珍子建元進《綱目》在萬曆廿四年丙申，此後庚寅即我朝順治七年也。序述所著《利濟十二種》，謂其弟楷鋭意岐黄，著有《百草鏡》八卷、《救生海》百卷。十二種者，曰《醫林集腋》，曰《祝由録驗》，曰《囊露》，曰《串雅》，曰《升降祕要》，曰《奇製元解》，曰《奇藥備考》，曰《綱目拾遺》，曰《本草話》，曰《藥名小録》。其十一種皆不傳，傳僅此耳。《四庫》未收。

〔一〕 趙學敏爲清乾隆年間人，「明末」誤。

人身説概二卷

明末西士鄧玉函撰。未收。

人身圖説二卷

明末西士羅雅谷撰。未收。又一部題鄧玉函撰。

上醫家。

曆體略三卷

明王英明撰。舊鈔。

天學疑問一卷

國朝梅文鼎撰。未收。

籌算一卷

明末西士羅雅谷撰。未收。

少廣補遺一卷

國朝陳世仁撰。

續增新法比例四十卷

國朝泰州陳厚耀泗源撰。缺者十八卷。卷一之六，卷十三、卷十八、卷三十一、三十二，卷三十四之三十九。何元錫夢華館藏舊鈔本。上天文算法。

皇極經世索隱二卷

宋張行成撰。依閣鈔《永樂大典》本。

大衍索隱三卷

宋丁易東撰。依閣鈔《永樂大典》本。

譙子五行志五卷

唐濮陽夏撰。言天文占驗事。《新唐志》、《崇文總目》、《遂初堂書目》皆著録，《四庫》未收。此本明人舊鈔，曹溶倦圃所藏。又一鈔本，李兆洛藏。

乾坤變異録一厚册

題唐司天監李淳風纂集。遂古堂藏明鈔本。有惠棟印、黄丕烈題識。《直齋書録》云：「《乾坤變異録》一卷，不著名氏。雜占變異。凡十一篇。」即此書。則題淳風者，妄也。《四庫》不收。

乾象通鑑一百卷

宋河間免解進士李季奉旨撰進。高宗賜序。其書自天地列宿變異，雜引古占最備。《玉海》載建炎四年，季進此書，先付太史局，命依經改定譌舛。紹興元年，詔與舊書參用其次序、體例。按之《玉海》所載，楊維德等撰《景祐乾象新書》大概相同，蓋即據爲增損，亦《開元占經》之次也。其書雖以建炎時進，而成書蓋在北宋時，故多見古書，如《黄帝》、《甘石》、《巫咸》諸占，皆具有可補《占經》之漏者。其首別有《古變異》一卷，多與書中所引複見，殆別一書，誤裝入耳。自《玉海》外，各家書目不著録，惟見《讀書敏求記》。《四庫》未收。此本孫馮翼依孫星衍吴門所收舊鈔録藏祠堂者，前有星衍題記。後歸上海郁氏宜稼堂。道光乙巳，楊振藩爲檢史志校過，以朱筆增損。將刊行，未果。唐、宋人引書取大意不失，振藩增損亦不盡可憑也。

附李季《進乾象通鑑疏》　臣季言：天垂象以示吉凶，聖人觀天文以察時變，其來尚矣。雖示現不常，所遇有數，然有吉可致，其凶可禳，脩德脩刑，經史所載，有已試之驗。歷代宗之，設官分職，厥有攸司。秦漢之後，散於亂罹。書既不備，法亦罕聞。間有異人研書奥學，前知禍福，自爲避就。世既禁而不習，書亦秘而不示。行於司天者，止在繩墨之中，而不能推其妙；藏于册府者，雖隱深微之旨，而未嘗見於習。學不全，法不盡，將訪吉凶禍福，是猶索塗於瞽，而問樂於聾。或幸得之一二而止耳。臣，書生也，早遇異人，密傳奥旨，研精窮思二十餘年。方禁綱嚴切，不敢示人。而天象時變，臣已逆知於十五年前矣。嘗以微言咨於故丞相李邦彦、前北帥王安中。初不以爲然，中略推其驗，後大信之，而事已不及矣。臣謂此術微妙，人不能知。知於已然，事實無濟。於是據經集諸家之善，考古備已驗之變。復以《景祐新書》、《海上秘法》參列而次第之，著爲成書。凡一百卷，目之曰《乾象通鑑》。開帙對目，而天之所示，時之所變，無一不在。將不勞推測而吉凶禍福之兆昭然可覩。然後修德於己，禳變於天，可以保世祚，安邦家，守太平，實有補于聖朝。臣是以不遠千里，冒犬豕鋒鏑之死，前赴行在，而獻之畎畝之中。適際陛下龍飛，恭默思治，復令推之史册，將鑒往以知來。於萬機之餘，特賜睿覽，凡見上象，宜審閲之，以圖修禳之方、避就之地。臣老歸山林，雖屏迹不出，將復見太平之日矣。不勝幸甚。建炎元年六月，臣李昧死謹進。

六壬中黄五變經法二卷

未詳撰人。舊鈔本。存目。

天鏡一册

明周文郁撰。言行軍占驗。自序署「崇禎癸未」。鈔本。不收。

靈城精義二卷

題南唐何溥撰，明劉基注。依閣本鈔。

催官篇二卷

宋賴文俊撰。依閣本鈔。

發微論一卷

宋蔡元定撰。依閣本鈔。

玉照定真〔一〕經一卷

題晉郭璞撰。依閣鈔《永樂大典》本。

〔一〕「定真」，原誤作「真定」，據《持靜齋書目》、《中國叢書綜録》乙正。

星命溯源五卷

未詳撰人。依閣鈔本。

三命指迷賦一卷

題宋岳珂補注。依閣鈔《永樂大典》本。

星命總括三卷

遼耶律純撰。依閣鈔《永樂大典》本。

演禽通纂二卷

不著撰人。依閣鈔本。

玉管照神〔一〕局三卷

題南唐宋齊邱撰。依閣鈔《永樂大典》本。

〔一〕「照神」，原誤作「神照」，據《持靜齋書目》、《中國叢書綜録》乙正。

遁甲奇門要略一卷

不詳撰人。舊鈔本。存目。

墨藪二卷附法帖釋文刊誤一卷

唐韋續撰。《法帖釋文刊誤》宋陳與義撰。依閣鈔本。

金壺記三卷

宋僧適之撰。鈔本。存目。

古今集論字學新書七卷

元劉惟志編。士禮居舊藏徐氏鐵硯齋鈔本。《四庫存目》僅有惟志《字學新書摘鈔》一卷，謂其簡略殊甚。殆先有《新書》而摘鈔之，則未見此本。亦元人書待傳之一也。册尾有此書摘鈔目録，後附正德癸酉衡州知府通海喬瑛刊序。殆是序摘鈔刊本。

上術數

吉金所見録十六卷

國朝初尚齡録歷代布錢彙編之。嘉慶己卯序鈔本。

文房四譜五卷

宋蘇易簡撰。舊鈔本。又一鈔本，差工。

品茶要録一卷

宋黄儒撰。依閣鈔本。

膳夫經手録一卷

唐楊曄撰。抄本。曄官巢縣令。是書成于大中十年。唐、宋《志》、《通志略》、《崇文總目》並著録。所述茶品分産地，别優劣，甚詳備。又有顧嗣立刊入《閭丘辨囿》本，但題《膳夫經》。《四庫》未收。

雞冠花譜一作《雲鳳英譜》。**一卷**

題秋色主人撰。康熙己卯仲秋自序鈔本。

淮南天文訓補注二卷

國朝錢塘撰。乾隆末人。

金樓子六卷

梁元帝撰。依閣鈔《永樂大典》本。

樂菴語録五卷

宋李衡撰。鈔本。《四庫》著録者，題《樂菴遺書》四卷。

家訓筆録一卷

宋趙鼎撰。鈔本。未收。

經鉏堂雜志八卷

宋倪思撰。舊鈔。存目。

東洲几上語一卷枕上語一卷

宋施清臣撰。鈔本。存目。

資暇集三卷

唐李匡乂撰。依閣鈔本。

經外雜鈔三卷

宋魏了翁撰。舊鈔本。

朝野類要五卷

宋趙昇撰。鈔本。

授書隨筆十七卷

國朝黄宗羲撰。舊鈔本。《四庫》未收。

王氏談録一卷

宋王欽臣撰。依閣鈔本。

仇池筆記二卷

宋蘇軾撰。依閣鈔本。

巖下放言三卷

宋葉夢得撰。舊鈔本。

紫微〔二〕**雜説一卷**

宋吕本中撰。依閣鈔本。

辨言一卷

宋員興宗撰。依閣鈔本。

〔二〕「微」，原誤作「薇」，據《持靜齋書目》、《中國叢書綜録》改。

東園叢説二卷

題宋李如篪撰。鈔本。《四庫》本三卷。

藏一話腴四卷

宋陳郁撰。依閣鈔本。

佩韋齋輯聞四卷

宋俞德鄰撰。草鈔，善。

書齋夜話四卷

宋俞琰撰。依閣鈔本。

閒居録一卷

元吾丘衍撰。依閣鈔本。

餘冬序録十三册

明何孟春撰。鈔本。《四庫存目》六十五卷。

説略一卷

明黄尊素撰。項氏古香書屋舊寫本。未收。

棗林外索二卷

國朝談遷撰。鈔本。雜記古語古事。遷有《棗林雜俎》，多記明代逸事，見《四庫存目》。蓋别一書。未收。

閑閑堂會心録十六卷

明倪涷撰。涷，文正公元潞之父也。此其稿本。《四庫》未收。

東坡先生物類相感志十八卷

宋釋贊寧撰。海寧陳鱣據知不足齋藏明嘉靖己亥姚氏寫本過鈔。其卷首結銜云：「兩府僧統法戒都監選練明義宗文大師贊寧編次。」舊以書題東坡，或混爲蘇軾。《四庫提要》以爲僞，而僅存其目。然其書疏證詳明，有條不紊。晁氏《讀書志》、馬氏《通考》皆載之。晁《志》謂：「贊寧，吴人。以博物稱。」「柳如京、徐騎省與之遊。」則遠在東坡前。陳鱣曰：「安知贊寧不一號東坡乎？」其説甚是。眉公《祕笈》止刻其半。此爲足本，晁氏、馬氏所記皆十卷，而此十八者，蓋後人分析也。

雲煙過眼録一册

宋周密撰。元人舊鈔。有「玉磬山房」、「衡山」兩印。

類説五十卷 中子卷十三卷。

鈔本。未著撰人，疑即宋曾慥書也。《四庫》本六十卷，分前、後二集。

仕學規範四十卷

宋張鎡編。汪士鍾舊藏影宋鈔本。半頁十二行，行二十五字。向見張廷濟所藏宋本，正如此。

古今同姓名〔一〕録二卷

梁元帝撰。鈔本。陳鱣校過。

〔一〕「姓名」，原誤作「名姓」，據《持靜齋書目》、《中國叢書綜録》乙正。

大唐類要一百六十卷

即唐虞世南《北堂書鈔》後人改題者。然未經陳禹謨删竄。雖多誤字，猶虞氏原書也。陳氏刊此書時，于文義難通處即行删去，或别引他書羼入。凡唐以前亡逸之書，猶藉考其零章碎句，以存吉光片羽者，抹殺不知凡幾。如百三十九車總載篇及末三卷穴、泥、沙、石四篇，皆隨條大書，不立題分注者，陳刻既改成一例，而删棄至十六七。其他攙亂顛錯，不可枚舉。所謂刻一書而其書轉亡者也。故考證家求虞氏書，皆不取陳本，而以舊鈔原本爲貴。原本自國初來，即有仍題《書鈔》、改題《類要》二本。題《書鈔》者，見錢曾《敏求記》，謂「蒐訪十餘年始得」。原書題《類要》者，見《曝書亭集》，有跋謂「原書罕覯，今更日久，幾成斷種」。皆極言得之之難。道光間嚴可均曾校刊未就，亂後更無從訪求。此本顧沅藝海樓所鈔，蓋據竹垞所見本。其本聞尚在上海郁氏宜稼堂也。

龍筋鳳髓判二卷

唐張鷟撰。舊鈔。

蒙求集注二巨册

舊鈔。

職官分紀五十卷

宋孫逢吉撰。龔氏玉玲瓏閣鈔本。汪士鐘舊藏。

春秋左傳摘奇十二卷

宋胡元質撰。秀野草堂舊藏影宋鈔本。又經藏何元錫夢華館。《四庫》未收。

羣書會元截江網三十五卷

宋理宗時書肆本。未詳編人。依閣鈔本。

小字録一卷

宋陳思撰。依閣鈔本。

姬侍類偶二卷

宋周守忠撰。吴翌鳳藏鈔本。存目。

大學增修聲律資用太平總類殘本七卷

舊鈔。起十八卷，至二十四卷。止存威斷、師古、符命、福禄、功德、休美、治道、政事〔一〕八門。每門子目中又分事括、譬喻、反説、體字、賦偶、賦隔等題。其每卷首頁格右並有「嘉靖十五年某人寫」一行。引事至《通鑑》而止。據書題，與南宋人《太學新編畫一元龜》及《增修聲律萬卷英華》等相類。蓋宋末人編也。各家書目不録。《四庫》未收。

〔一〕「政事」，原爲墨塊，據《持靜齋書目》補。

羣書麗句十卷

明楊慎撰。分十四類。舊鈔本。未收。

古人别號録一卷

明楊慎撰。鈔本。《升菴集》有《名賓異號録補序》一首，以無書而補，未知即此否。未收。

香霧雲鬟録一册

題滬城無無菴主筆記。蓋近人鈔輯。

孫内翰北里志一卷

唐翰林學士孫棨撰。舊鈔本。未收。

牛羊日曆一卷

唐劉軻撰。顧嗣立秀野草堂藏舊鈔本。未收。

南唐近事一卷

宋鄭文寶撰。舊鈔本。

醴泉筆録二卷

宋江休復撰。鈔本。《四庫》録休復《嘉祐雜志》，而不及此。

續世説十二卷

宋孔平仲撰。取宋、齊、梁、陳、隋、唐歷代事迹，依劉義慶《世説》之目而分隸之。目録後有「臨安府陳道人刊行」八字二行木記，蓋依紹興丁丑秦果所序沅州修刊李氏板影鈔。半頁十行，行十八字。《四庫》未收。

續墨客揮犀十卷

宋彭乘撰。《四庫》録其《墨客揮犀》，謂其續編已逸。此本爲紅豆山房所藏，鈔甚精善。陳氏《直齋書録》二編並著，共二十卷，而不及撰人。商維濬《稗海》乃題彭乘，蓋以書中自稱名爲據。

南窻記談一卷

宋人撰，未詳名氏。秀野草堂藏舊鈔本。與《牛羊日曆》同册。

投轄録一卷

宋王明清撰。依閣鈔本。

北窻炙輠録一卷

宋施德操撰。吴翌鳳枚菴藏鈔本。

樂郊私語一卷

元姚桐壽撰。鈔本。

稗官記五卷

明正統間馬愈撰。鈔本。未收。

隆平紀事二卷

明末松陵史册義維撰。鈔本。紀元末明初蘇湖間事。未收。

識小録四卷

鈔本。題活埋菴道人徐樹丕筆記。乃明末人雜説。未收。

玉堂薈記一卷

國初楊士聰撰。曹楝亭藏舊鈔本。存目。

人海記二卷

國朝查慎行歸田後，録其在京師時見聞編之。舊鈔本。未收。

漢武帝内傳一卷外傳一卷

題班固撰。陳鱣藏鈔本。

括異志十卷

宋張師正撰。曹寅藏舊鈔本。

清異録二卷

宋陶穀撰。此明嘉靖間鈔本。雖不精，然海鹽陳氏刻者多妄行刊削，此猶存其本真。士禮居舊藏。

御注道德經四卷

唐玄宗御撰。鈔本。蓋依《道藏》。《四庫》未收。

道德真經注疏八卷

題吴郡徵士顧歡述。依《道藏》本過録。按：歡，齊時人。《隋志》載其《老子義綱》一卷、《義疏》一卷。又《唐志》有《道德經義疏》四卷、《義疏治綱》一卷。書名、卷數既與此不合，不應齊時人而先引陶隱居、成玄英。惟晁氏《志》及《玉海》有岷山道士張君相《三十家道德經集解》。其列名二十九，蓋君相自爲一家，並數之。頗與是書相契，則爲君相所集無疑。《研經室外集》載此書改題君相撰，是也。所載六朝唐人遺説，今多無傳，賴此存其崖略。亦道家古笈僅存者矣。其兼引唐玄宗御疏，蓋又後人羼入。而所稱「陳曰」、「榮曰」者，殆杜光庭所云任真子陳榮也。《四庫》未收。

天隱子一卷

題唐司馬承禎撰。鈔本。《四庫》以附《玄真子》下，云佚姓名。

悟真篇删僞集[一]三卷

宋張伯端撰。元薛道光、陳致虚刊誤。舊鈔本。

〔一〕「悟真篇删僞集」，《持静齋書目》作「悟真刊僞集」。

席上腐談二卷

宋俞琰撰。鈔本。

鳴鶴餘音一厚册

舊鈔本。元人編道家論道詩詞。《四庫》入總集存目。

冲用編一厚册

鈔本。録《九天生神玉章經》等，至《黄庭内外景經》，凡十二篇。未詳編人。

正一天壇玉格譜敘源流一厚册

未詳編人。述天師傳授符録之事，敘入本朝襲封者至九代。其書則所世守之典册也。鈔本。

以上子部

陶貞白先生集二卷

梁陶弘景撰。明黄省曾編。舊鈔。未收。

劉庶子詩集一卷

梁劉孝威撰。舊鈔。未收。

張散騎詩集一卷

陳張正見撰。舊鈔。未收。

王子深集二卷

北周王褒撰。何焯藏舊鈔本。未收。

唐太宗文皇帝集一卷

明館閣書目有《文皇詩》六十九首，即此本。舊鈔。未收。

陳伯玉集十卷

唐陳子昂撰。鈔本。

張燕公集二十五卷

唐張説撰。舊鈔。

劉隨州集二册

唐劉長卿撰。薛一瓢手寫定本。有黄蕘圃跋。

毘陵集二十卷

唐獨孤及撰。舊鈔。

劉賓客外集十卷

唐劉禹錫撰。藝海樓精鈔本。

沈下賢集十二卷

唐沈亞之撰。鈔本。顧沅手校。

文泉子集一卷

唐劉蜕撰。依閣鈔本。

桂苑筆耕集二十卷

唐高麗崔〔一〕致遠撰。致遠爲高駢淮南從事，見《唐志》。是集唐、宋《志》皆著録，後遂逸不傳。集中討黄巢一檄，最爲傑出，他亦嫺雅可觀。卷端題「淮南入本國兼送詔書等使，前都統巡官承務郎侍御史内供奉賜紫金魚袋臣崔[三]致遠，進所著雜詩賦及表奏集二十八卷」。則其既歸本國所編上。據其奏狀，則年十二入中國，又六年取進士。居中山，有詩賦等三卷。調溧水尉，有《中山覆簣集》五卷。從事高駢軍幕，有《桂苑集》二十卷。末署中和六年。考中和止四年，蓋其歸國後尚未聞五年三月已改元光啟也。其人自唐、宋《志》外，唯張敦頤《六朝事迹》述其乾符中尉溧水，爲詩弔雙女墳事。迄今道光以前，皆未有言及者。故《全唐詩》、《文》並未收採。既乃有傳高麗活字本入中國者，此本蓋依以過録，而失鈔洪秩周、徐有榘二序。近乃從別本得之。其印行者有榘，傳本者秩周也。有榘稱其字海夫，號孤雲。仕幕僚後，中和四年充國信史東歸，仍仕本國翰林學士兵部侍郎武城太守。且盛推爲彼國人文鼻祖。此集在其國亦罕見。今雖有番禺刊行，此帙固自昔所祕珍也。

[三]「崔」，原誤作「雀」。

曹祠部集二卷

唐曹鄴撰。附《曹唐詩》一卷。依閣鈔本。

詠史詩二卷

唐胡曾撰。明人大字精鈔。與《千字文》同册。

一鳴集十卷

唐司空圖撰。舊鈔。乾隆丙午趙懷玉以知不足齋校宋本校過。

張蠙詩集一卷

唐人。明鈔。

林寬詩集一卷

唐人。明鈔。

文化集一卷

唐許棠撰。明鈔。

釣磯文集十卷

唐徐寅撰。《四庫》録《徐正字詩賦》，僅二卷，謂所著有《探龍》、《釣磯》二集，共五卷，已散佚不傳。《研經室外集》載所進有《釣磯文集》，乃賦五卷，爲賦五十首。《四庫》所録八首皆在，而《全唐文》未採者多二十一首。惟張氏愛日精廬藏此集十卷，亦多出賦二十一首。其卷溢半者，蓋並詩編之。此本即從張本出也。

徐騎省集三十卷

宋徐鉉撰。藝海樓藏舊鈔本。

河東集十五卷附録一卷

宋柳開撰。舊鈔本。

咸平集三十卷

宋田錫撰。依閣鈔本。

穆參軍集三卷

宋穆修撰。舊鈔本。

晏元獻遺文一卷

宋晏殊撰。依閣鈔本。

春卿遺稿一卷

宋蔣堂撰。依閣鈔本。

東觀集十卷

宋魏野撰。季振宜藏舊鈔本。

徂徠集二十卷

宋石介撰。藝海樓藏鈔本。

古靈集二十五卷附録一卷

宋陳襄撰。鈔本。

金氏文集二卷

宋金君卿撰。依閣鈔《永樂大典》本。

西溪集十卷

宋沈遘撰。《沈氏三先生文集》之一也。鈔本。

鄖溪集三十卷

宋鄭獬撰。依閣鈔《永樂大典》本。

馮安岳集十二卷

宋馮山撰。依閣鈔本。

曾文昭公曲阜集二卷遺録二卷補録一卷

宋曾肇撰。前二卷奏，後三卷文、詩。舊鈔本。

青山集三十卷

宋郭祥正撰。鈔本。

長興集十九卷

宋沈括撰。《沈氏三先生文集》之二也。括集本三十二卷，原闕前十二卷及第三十一之一卷，故僅存十九。鈔本。

雲巢編十卷

宋沈遼撰。《沈氏三先生文集》之三也。鈔本。

景迂生集二十卷

宋晁説之撰。依閣鈔本。

雞肋集七十卷

宋晁補之撰。依宋本鈔。張敦仁舊藏。

晁具茨詩集一册

宋晁沖之撰。鈔本。未收。

龍雲先生文集二十四卷

宋劉弇撰。鈔本。《四庫》本三十二卷。

姑溪居士前集五十卷後集二十卷

宋李之儀撰。鈔本。

樂靜集三十卷

宋李昭玘撰。舊鈔本。

日涉園集十卷

宋李彭撰。依閣鈔《永樂大典》本。

東堂集十卷

宋毛滂撰。依閣鈔《永樂大典》本。

劉給諫文集五卷

宋劉安上撰。鈔本。

洪龜父集二卷

宋洪朋撰。依閣鈔《永樂大典》本。

西渡集二卷補遺一卷

宋洪炎撰。依閣鈔本。

老圃集二卷

宋洪芻撰。依閣鈔《永樂大典》本。

浮溪文粹十五卷附録一卷

宋汪藻之文，宋人選輯者。鈔本。

石林居士建康集八卷

宋葉夢得撰。李兆洛校。舊鈔本。

苕溪集五十四卷

宋劉一止撰。舊鈔本。

三餘集四卷

宋黄彦平撰。依閣鈔本。

龜溪集十二卷

宋沈與求撰。鈔本。

鄱陽集四卷

宋洪皓撰。依閣鈔《永樂大典》本。

盧溪集五十卷

宋王庭珪撰。鈔本。

北海集四十六卷附録三卷

宋綦崇禮撰。依閣鈔《永樂大典》本。

鴻慶居士集四十二卷

宋孫覿撰。禦兒吕氏講習堂藏舊鈔本。

雪溪集五卷

宋王銍撰。鈔本。

五峯集五卷

宋胡宏撰。鈔本。

北山集十三卷

宋鄭剛中撰。鈔本。《四庫》三十卷。

縉雲先生集四卷附録一卷

宋馮時行撰。依明嘉靖癸巳刊本鈔。

默堂集二十二卷

宋陳淵撰。舊鈔。

知稼翁集十二卷

宋黄公度撰。鈔本。《四庫》著録者二卷，謂是殘闕之本。此其足本也。

漢濱集十六卷

宋王之望撰。依閣鈔本。

歸愚集十卷

宋葛立方撰。鈔本。

鄭忠肅奏議遺集二卷

宋鄭興裔撰。依閣鈔本。

拙齋文集二十卷

宋林之奇撰。鈔本。

艾軒集九卷

宋林光朝撰。舊鈔。

東萊文集四十卷

宋吕祖謙撰。其弟祖儉、姪喬年同編。附以《麗澤論説》十卷。舊鈔本。

格齋四六一厚册

宋王子俊撰。鈔本。《四庫》著録亦僅一卷。

倪石陵書一卷

宋倪朴撰。依閣鈔本。

定菴類稿四卷

宋衞博撰。依閣鈔《永樂大典》本。

雙峯舒先生文集九卷

宋淳熙進士舒邦佐撰。舊鈔本。《四庫》未收。

劉文簡公文集十二卷

宋劉爚撰。鈔本。《四庫》本題《雲莊集》。

石屏續集四卷

宋戴復古撰。鈔本。《四庫》收其集六卷，而未收《續集》。

北溪大全集五十卷

宋陳淳撰。舊鈔本。

竹齋詩集四卷

宋裘萬頃撰。鈔本。

信天巢遺稿一卷附林湖遺稿一卷江村遺稿一卷疎寮小集一卷

宋高翥撰。附高鵬飛、高選、及其先世質齋、遁翁高似孫之詩。鈔本。又一鈔本無《信天巢》。

龍洲道人集十五卷

宋劉過撰。舊鈔本。

鶴山集一百十卷

宋魏了翁撰。鈔本。是集雖有明錫山安國重刊本，然極罕覯。鈔本亦不易得。

平齋文集三十二卷

宋洪咨夔撰。鈔本。

方是閒居士小稿二卷

宋劉學箕撰。鈔本。

翠微〔一〕南征録十一卷

宋華岳撰。依閣鈔本。

〔一〕「微」，原誤作「薇」，據《持靜齋書目》、《中國叢書綜録》改。

履齋遺集四卷

宋吴潛撰。鈔本。

清正存稿六卷附録一卷

宋徐鹿卿撰。影鈔明萬曆本。

後村先生大全集一百九十六卷

宋劉克莊撰。依天一閣本傳鈔。《四庫》録《後村集》五十卷，蓋是其前集。後村凡有前、後、續、新四集，合二百卷。見墓誌銘。《隱居通議》曰：「後村卒，其家盡薈萃其平生所著，別刊爲《大全集》。」天一閣本蓋即從宋刊傳録。凡詩、文、詩話、内外制、長短句，合一百九十三卷。其後三卷，則洪天錫撰《行狀》，林希逸撰《墓誌銘》，又撰《謚議》，各爲一卷也。此後村集最足之本。宋以後未有傳刊，鈔本亦不易覯。

徐文惠公存稿四卷

宋徐經孫撰。《四庫》本題《矩山存稿》五卷。此依明萬曆本録。

蒙川遺稿四卷

宋劉黼撰。依閣鈔本。

雪磯叢稿五卷

宋樂雷發撰。鈔本。

葦航〔一〕漫游稿四卷

宋胡仲弓撰。依閣鈔《永樂大典》本。

〔一〕「航」，原誤作「杭」，據《持靜齋書目》、《中國叢書綜録》改。

西臺慟哭記注一卷

宋謝翺撰，明張丁註。舊鈔。

黄四如先生文稿五卷

宋黄仲元撰。鈔本。

佩韋齋文集二十卷

宋俞德鄰撰。《四庫》録此集十六卷。此二十卷，與《千頃堂》所載合。其十七以下四卷，則《輯聞》也。鈔本。

西湖百詠二卷

宋董嗣杲撰。鈔本。

富山嬾稿十九卷

宋方夔撰，夔從孫方宗大編。其《嬾稿》本三十卷，此鈔本蓋闕十一卷。《四庫》載者，夔《富山遺稿》十卷，僅詩。

吾汶稿十卷

宋王炎午撰。舊鈔。又部。

九華詩集一卷

宋陳巖撰。鈔本。

寧極齋稿一卷附慎獨叟遺稿一卷

宋陳深及其子植撰。鈔本。

釣磯詩集四卷

宋末丘葵吉甫撰。鈔本。《四庫》未收。葵，福建同安人。宋亡，避居海嶼，不求人知。於《易》、《書》、《詩》、《春秋》、《周禮》，皆有解説。

滏水集二十卷附録一卷

金趙秉文撰。鈔本。

藏春集六卷

元劉秉忠撰。鈔本。

月屋樵吟二卷

元黄庚撰。僅詩無文。《四庫》本題《月屋漫稿》，亦僅詩一卷。此舊鈔本，顧沅所藏，謂其《漫稿》詩文合編。

剩語二卷

元艾性夫撰。依閣鈔《永樂大典》本。

養蒙集十卷

元張伯淳撰。依閣鈔本。

竹素山房詩集三卷

元吾丘衍撰。依閣鈔本。

小亨集三卷

元楊弘道撰。《四庫》本六卷，從《永樂大典》出。此殆别一本。

白雲集四卷

元許謙撰。鈔本。

玉井樵唱正續一册

元尹廷高撰。鈔本。《四庫》本三卷。

清容居士集五十卷

元袁桷撰。劉喜海藏舊鈔本。

周此山詩集八卷

元周權撰。《四庫》本四卷。此舊鈔，頗精善，而卷數倍之。

蒲室集十五卷

元釋大訢撰。曹氏倦圃藏舊鈔本。

梅花字字香前集一卷後集一卷

元郭豫亨撰。鈔本。

勤齋集八卷

元蕭𣂏撰。依閣鈔本。

揭文安文集十卷

元揭傒斯撰。鈔本。《四庫》本十四卷。

所安遺集一卷

元陳泰撰。依明成化本鈔。

至正集二十三卷

元許有壬撰。《四庫》本八十一卷。此鈔本，僅其上一段，然未有刊本。

吴禮部集二十卷附録一卷

元吴師道撰。鈔本。

鄱陽李仲公集三十卷

元李存撰。鈔本。《四庫》本題《俟菴集》。

滋溪文稿三十卷

元蘇天爵撰。鈔本。

周翰林近光集三卷補遺二卷

元周伯琦撰。

栲栳〔一〕山人詩集三卷

元岑安卿撰。鈔本。此鈔多遺落，不如近刊之善。

〔一〕「栲栳」，原誤作「栳栲」，據《持静齋書目》、《中國叢書綜録》乙正。

友石山人遺稿一卷

元王翰撰。舊鈔。

龜巢集十册

元謝應芳撰。寫者不標卷數，而略分三十四段。《四庫》本則十七卷。

山窗餘稿一卷

元甘復撰。依閣鈔本。

九靈山房詩稿四卷文稿十卷補編一卷

元戴良撰。舊本。《四庫》録此集三十二卷。

玉山璞稿一卷

元顧瑛撰。舊鈔。

樂志園詩集八卷補遺一卷

元吕誠撰。鈔本。《四庫》題《來鶴亭詩》，卷數同。

張光弼詩集二卷

元張昱撰。鈔本。《四庫》本四卷，題《可閑老人集》。

益齋先生亂稿十卷

元高麗李齊賢仲愚撰。至正七年〔一〕卒。葬牛峯縣。未收。

〔一〕「七年」，《持靜齋書目》作「二十七年」。

危太樸雲林集詩二卷附文不分卷

密行百許頁。明危素撰。鈔本。《四庫》本詩二卷，題《雲林集》。文四卷，題《説學齋稿》。

花谿集三卷

明吴興沈夢麟撰。舊鈔本。未收。

白雲稿五卷

明朱右撰。鈔本。

劉彦昺集九卷

明劉炳撰。吴翌鳳藏本猶題爲元人。依《四庫》改。舊鈔。

丹崖集八卷附録一卷

明唐肅撰。依洪武八年刊本鈔。

蚓竅集十卷

明管時敏撰。舊鈔。

欓菴類稿二卷

明鄭潛撰。依閣鈔《永樂大典》本。

梁園寓稿九卷

明王翰撰。依閣鈔本。

侯助教詩文集七卷

明侯□□撰。鈔本。永樂九年楊靚序。未收。

曹月川集一卷

明曹端撰。鈔本。

鄭君舉詩集一卷

明人，失其名。鈔本。

峯溪集五卷外集一卷

明孫璽撰。存目。附録一卷。

甫田別集四卷

明文徵明撰。《四庫》録其集三十五卷，而此未收。

陶菴稿二卷續稿二卷遺稿一卷札記二卷

明崑山歸子慕季思撰。有光子也。詩學陶，以澹永勝。文亦具有家法。《札記》則其語録也。此鈔本。《四庫》未收。

節必居稿一册

明長洲劉曙公旦詩。鈔本。未收。

申忠愍詩集六卷

明申佳胤撰。依閣鈔本。

劉文烈公集一册

明劉理順撰。鈔本。未收。

縠園集三卷

明末虞山楊彝子常撰。非明初餘姚楊彝也。鈔本。未收。

與古人書二卷

明張自烈撰。設爲書札，與古人議論古事。鈔本。未收。

沈君庸集二卷

明吳江沈自徵撰。崇禎時人。鈔本。未收。

大愚老人遺集一册

明江陰黄毓祺介子撰。未收。

一老莽遺稿四卷文稿一厚册

明諸生徐柯貫時撰。陳鱣鈔本。又有康熙中刊本。未收。

高氏三宴詩集三卷附香山九老詩一卷

三宴詩，唐高正臣編。九老詩，則白居易等所作。從宋刊本録出。

五百家播芳大全文粹一百十卷

宋魏齊賢、葉芬同編。依閣鈔本。

唐僧弘秀集十卷

宋李龏編。舊鈔。

吴都文粹九卷

宋鄭虎臣編。舊鈔。

金蘭集三卷附録一卷

明徐達左編。有至正二十二年楊基序，二十五年道衍序。則編于元時。鈔本。存目。

滄海遺珠集八卷

明人編。失姓名。録明人郟經、方行，至沈周、徐誌、劉譜，凡若干人之詩。《四庫》載《滄海遺珠》四卷，乃録謫戍雲南二十人之作，亦首郟經、方行，而無沈周等三人，則非一書也。鈔本。

吴都文粹續集五十六卷補遺一卷

明錢穀手稿。

師子林紀勝二卷附拙政園題詠一卷

明釋道恂撰。《題詠》，文徵明撰。鈔本，善。《紀勝》存目。

嶠雅一册

明鄺露湛若撰。僅七古、五排、五律、七律四體。殆非足本。全祖望藏。

卧遊詩選三十厚册

未詳編人。録古人詠山川、古迹之詩。分省編之，至明季止。則明末國初人也。北直始于河間府，則尚失其首册。鈔本。册上有「華素安齋菊吟氏記」及「卧雲外史」二印。

全唐詩逸三卷

國初乾隆末日本上河毛世寧編，以寄知不足齋，鈔本。

日下題襟集六卷

國朝嚴可均鐵橋、陸□□筱飲、潘□□秋庫，與朝鮮使臣李基聖、金在行、洪大容、李烜、金善行、洪檍等六人贈答詩札。乾隆丁亥十二月朱文藻序之。鈔本。

珊瑚鉤詩話三卷

宋張表臣撰。舊鈔本。

石林詩話一卷

宋葉夢得撰。舊鈔本。

詩家鼎臠二卷

宋戴復古撰。舊鈔本。

荆溪林下偶談四卷

宋吴子良撰。依閣鈔本。

草堂詩話二卷

宋蔡〔一〕夢弼撰。依閣鈔本。

〔一〕「蔡」字原脱，據《持靜齋書目》、《中國叢書綜録》補。

文説一卷

元陳繹曾撰。依閣鈔《永樂大典》本。

修辭鑑衡二卷

元王構編。依閣鈔本。

金石例十卷

元潘昂霄撰。一舊鈔巾箱本，甚精，陳邦彦藏。一雅雨堂刊《金石三例》底本。

作義要訣一卷

元倪士毅撰。依閣鈔本。

墓銘舉例四卷

明王行撰。雅雨堂《金石三例》底本。附國朝黄宗羲《金石要例》一卷。

頤山詩話二卷

明安磐撰。依閣鈔本。

詩話補遺三卷

明楊慎撰。舊鈔本。

始可與言八卷

未詳撰人。引古語、歌謡、樂府、唐詩而論之。序云無髮居士題。鈔本。未收。

山谷詞一卷

宋黄庭堅撰。舊鈔本。

石林詞一卷

宋葉夢得撰。舊鈔本。

省齋詩餘一卷

宋廖行之天民撰。汲古閣藏舊鈔本。《曝書亭書目》亦有本□□未收。

養拙堂詞一卷

宋管鑑撰。汲古閣藏舊鈔本。未收。

眉匠詞一卷

國朝朱彝尊撰。詞皆已入集，此手稿也。

以上集部

持靜齋藏書記要卷之下

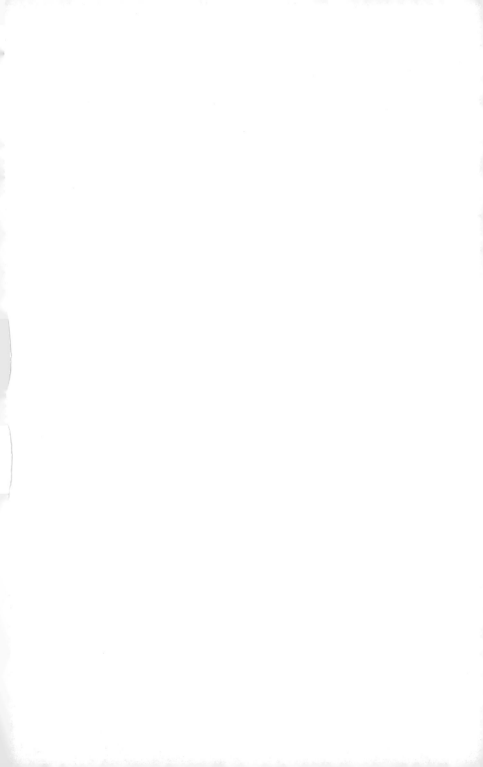

書名作者綜合索引

1. 本索引按四角號碼檢字法的順序排列,每條字頭單獨標出,注明四角號碼和附角;同號碼字頭除首見一字注明號碼外,其下從略。每條第二字取一、二兩角號碼。

2. 本索引依據《宋元舊本書經眼録》和《持静齋藏書記要》中的書名、人名編制。其中的古體字、别體字,遵照原書著録。

3. 各書所附續集、外集、附録、補遺等,均加頓號列於正集之後,個别獨立性較强的書名則析出另立條目。

4. 原書中人名有用字、號者,則著録其姓名,後以括號注明書中所用字、號。

5. 書名、人名在一頁内兩見者,則在頁碼後加"(2)"注明。

0028_6　廣

0040_0　文

0040_1　辛

1010_4 王

7210_0 劉

7210_1 丘

7222_1 所

7274_0 氏

7277_2 岳

7280_1 兵